Monika Gänsler
Barbara Huber
Kornelia Milan
Susanne Stegbauer

Willkommen daheim, Baby

Kreative Ideen für werdende Eltern

TOPP Inspiration

Inhaltsverzeichnis

Unser kleiner
Junge

Vorv

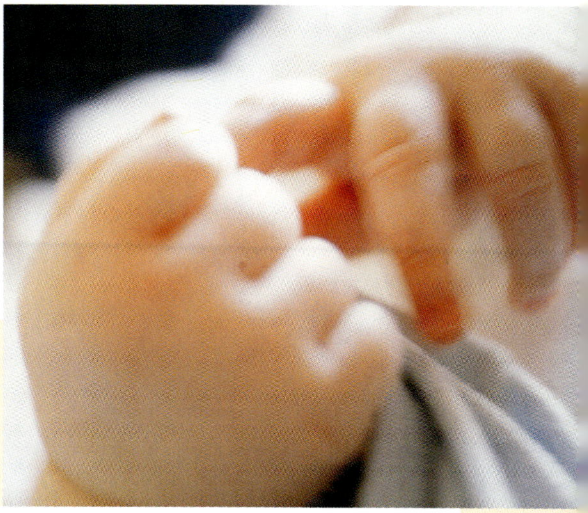

Ihre Freude ist riesengroß! Gerade eben hat Ihnen Ihr Frauenarzt gesagt, dass Sie ein Baby bekommen werden. Nun haben Sie und Ihr Partner neun Monate Zeit, um sich auf Ihr neues Familienmitglied einzustellen und ihm ein schönes Zuhause zu bereiten. Richten Sie das Kinderzimmer mit süßen, selbst gemachten Holztieren ein, die als Türstopper, Garderobe oder Messlatte dienen. Nähen Sie Kuscheltiere zum Liebhaben und witzige Accessoires für das Badezimmer. Auch Gestaltungsideen für Geburtskarten oder Ihr persönliches Babyalbum finden Sie in diesem Buch, ebenso wie Tipps, Tricks und Informationen rund um die Schwangerschaft, die Geburt und die erste Zeit zu Hause. Freuen Sie sich darauf, bald Ihren kleinen Liebling in den Armen halten zu dürfen und für ihn kreative Sachen machen zu können. Willkommen daheim, Baby!

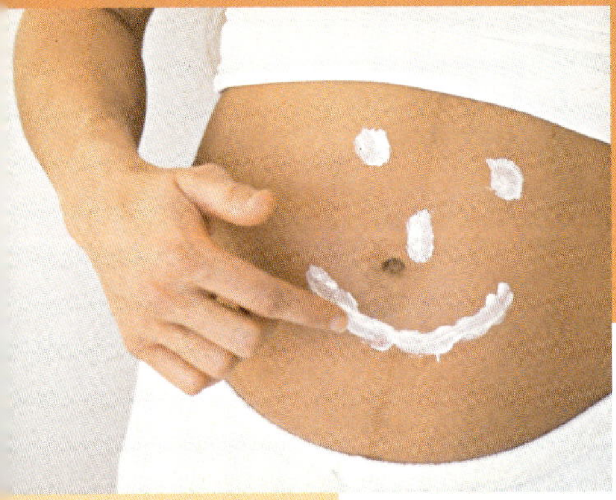

Juhu, schwanger!

Ihre Freude ist riesengroß! Gerade eben haben Sie erfahren, dass Sie ein Baby erwarten. Eine spannende und aufregende Zeit liegt vor Ihnen. Dieses Glück ist Ihnen an der Nasenspitze anzusehen, Sie fühlen sich glücklich und schön. Denken Sie schon jetzt daran, wie Sie den neuen Erdenbürger willkommen heißen können, und basteln Sie süße Holztiere, die als Messlatte, Regal oder Garderobe dienen und Ihren Nachwuchs im Kinderzimmer begrüßen!

Das Wunder

Sie haben erfahren, dass Sie schwanger sind. Was für ein Wunder. Für Sie und Ihren Partner beginnt nun eine spannende und aufregende Zeit, die sehr glücklich macht, Sie aber auch vor viele Fragen stellt.

Schmetterlinge im Bauch

Ihr Frauenarzt oder ein Schwangerschaftstest haben Ihnen bestätigt, was Sie insgeheim eigentlich schon wussten: Sie sind schwanger, in Ihnen wächst ein neues Leben heran. Zu Anfang werden Sie es vielleicht gar nicht glauben können, denn Ihr Körper hat sich noch nicht verändert. Aber bald schon werden Sie um die Hüften runder und Ihr Bauch wird dicker. Es ist ein unbeschreibliches Gefühl, wenn Sie zum ersten Mal spüren, wie sich Ihr Kind in Ihnen bewegt, fast ein bisschen wie Schmetterlinge im Bauch!

Fragen über Fragen

Sie freuen sich von Tag zu Tag mehr auf den kleinen Menschen und können es kaum abwarten, ihn endlich in den Armen zu halten. Wie wird Ihr Baby sein, eher ruhig oder neugierig? Und wie wird es aussehen? Das sind Fragen, die Sie sich tagtäglich stellen. Neben der unbändigen Freude begleiten aber auch Zweifel und Ängste die Schwangerschaft: „Werden wir gute Eltern für unser Baby sein?“ und „Ist unser Baby gesund?“ Solche Sorgen sind ganz normal. Sprechen Sie deshalb mit Ihrem Partner offen über Ihre Gefühle und helfen und ermutigen Sie sich gegenseitig. So können Sie Ihre Schwangerschaft von der ersten Minute an genießen und sich auf ein Leben zu dritt freuen. Auch Freundinnen, die schon Kinder haben, stehen Ihnen jetzt sicher gerne mit Rat und Tat zur Seite und erzählen bereitwillig davon, wie sie die Schwangerschaft mit all ihren Höhen und Tiefen erlebt haben.

Arbeiten oder zu Hause bleiben?

Momentan können Sie es sich wahrscheinlich noch gar nicht vorstellen, wie sich Ihr Leben

nach der Geburt verändert. Wollen Sie die erste Zeit zu Hause bleiben? Wenn ja, wer von Ihnen beiden will die Elternzeit in Anspruch nehmen? Nur einer oder teilen Sie sie sich? Wenn Sie sofort wieder arbeiten gehen wollen, egal ob Voll- oder Teilzeit, wer kann dann auf Ihr Baby aufpassen? Gibt es Großeltern in der Nähe oder eine Kinderkrippe oder müssen Sie eine liebe Tagesmutter suchen? Denken Sie jetzt schon über diese offenen Fragen nach, denn die neun Monate vergehen doch schneller, als man so denkt ...

Sagen Sie Bescheid

Sobald Sie wissen, dass Sie schwanger sind, sollten Sie Ihren Arbeitgeber darüber informieren, denn ab dem Moment unterliegen Sie dem Mutterschutzgesetz. Schwere körperliche Arbeiten oder Arbeiten mit potentiell gesundheitsgefährdenden Stoffen sind nämlich z. B. während einer Schwangerschaft nicht zulässig! Außerdem hat Ihr Arbeitgeber so genügend Zeit, um sich nach einem Ersatz für Sie umzusehen.

Wie schnell Sie im Freundes- und Bekanntenkreis Bescheid geben wollen, bleibt natürlich ganz Ihnen überlassen. Ihre beste Freundin werden Sie wahrscheinlich schneller einweihen wollen als Ihre Tante, die Sie sowieso schon seit Ewigkeiten nicht mehr gesehen haben. Spätestens ab dem vierten, fünften Monat sieht man Ihnen Ihr süßes Geheimnis dann sowieso an!

Schwangerschafts-kalender

Während der Schwangerschaft wächst nicht nur Ihr Baby im Bauch, auch Ihr Körper verändert sich, um sich der neuen Situation anzupassen. Hier erfahren Sie mehr über die Entwicklung Ihres Babys und was in Ihrem Körper passiert. Ist es nicht ein einzigartiges Wunder, das Sie gerade erleben dürfen?

6. – 8. Woche

Sie haben Ihre Tage immer noch nicht bekommen? Ein Schwangerschaftstest aus der Apotheke oder Ihr Frauenarzt werden Ihnen jetzt bestätigen, dass Sie schwanger sind. Herzlichen Glückwunsch! Jetzt beginnt eine sehr spannende und aufregende Zeit, in der Sie besonders auf sich selbst achten sollten. Genießen Sie die Zeit der Schwangerschaft ganz bewusst.

Das passiert in Ihrem Körper

- *Evtl. ist Ihnen morgens (oder auch zu anderen Tageszeiten) übel.*
- *Vielleicht haben Sie Gefühlsschwankungen.*
- *Ihre Brüste spannen und sind schwer.*
- *Sie sind häufig müde.*

So entwickelt sich Ihr Baby

- *Alle inneren Organe sind bereits angelegt.*
- *Es bewegt sich sehr viel,*
  Sie können das aber noch nicht spüren.
- *Es ist jetzt ungefähr 25 mm lang.*

12. Woche

Gehen Sie regelmäßig zu den Vorsorgeuntersuchungen. Außerdem sollten Sie einen Termin beim Zahnarzt ausmachen, denn während der Schwangerschaft kann es häufiger zu Zahnfleischbluten kommen. Nach Absprache mit dem Arzt können Sie weiter Sport machen. Erkundigen Sie sich beim Arzt, bei Volkshochschulen oder in Krankenhäusern nach Geburtsvorbereitungskursen. Hier lernen Sie Atemtechniken für die Wehen und Entspannungsübungen. Achten Sie besonders auf eine gesunde Ernährung.

Das passiert in Ihrem Körper

- *Sie nehmen zu.*
- *Ihr Harndrang lässt nach, dafür sind aber Verstopfungen möglich.*

So entwickelt sich Ihr Baby

- *Jetzt sind schon die äußeren Geschlechtsmerkmale zu sehen.*
- *Ihr Baby hat Augen. Zwischen seinen Fingern und Zehen befindet sich noch Haut.*
- *Ihr Baby bekommt Muskeln und bewegt sich stärker.*
- *Es ist jetzt ca. 7,5 cm lang und wiegt 18 g.*

16. Woche

Sie fühlen sich munter und sind voller Tatenkraft. Ihre Muskeln und Bänder werden jetzt im ganzen Körper weicher, wahrscheinlich sieht man jetzt, dass Sie schwanger sind. Tragen Sie bequeme Kleidung.

Das passiert in Ihrem Körper

- *Die Pigmentierung Ihrer Haut, vor allem im Gesicht, kann sich verändern.*
- *Ihre Brustwarzen und der Warzenhof färben sich dunkler.*
- *Ihre Taille wird rundlicher.*

So entwickelt sich Ihr Baby

- *Ihr Baby ist jetzt schon komplett ausgebildet. Von jetzt an muss es vor allem Gewicht zulegen.*
- *Es hat schon seinen individuellen Fingerabdruck.*
- *Es bewegt sich kräftiger und ist am ganzen Körper mit einem feinen Flaum überzogen.*
- *Es ist ca. 16 cm lang und wiegt rund 135 g.*

20. Woche

Sie spüren zum ersten Mal, wie sich Ihr Baby in Ihnen bewegt. Wenn alle Untersuchungen positiv verlaufen sind, beginnt eine wunderschöne Zeit. Es ist aber auch normal, dass Ängste und Zweifel in Ihnen aufkommen. Reden Sie mit Ihrem Partner darüber. Machen Sie regelmäßig Schwangerschaftsgymnastik und Beckenbodenübungen. Schwimmen ist für Ihren Körper während der gesamten Schwangerschaft sehr gut.

Das passiert in Ihrem Körper

- *Ihr Zahnfleisch kann bluten.*
- *Ihre Brüste vergrößern sich.*

So entwickelt sich Ihr Baby

- *Im Kiefer bilden sich die Zähne.*
- *Seine Bewegungen spüren Sie als Flattern im Bauch.*
- *Es ist ca. 25 cm lang und wiegt 340 g.*

24. Woche

Sie sollten jetzt oft und viel ruhen. Schlafen ist nicht immer ganz so einfach, weil sich Ihr Baby stark bewegt, vor allem dann, wenn Sie eigentlich schlafen wollen.

Das passiert in Ihrem Körper

- *Es können sich Dehnungsstreifen am Bauch und an den Oberschenkeln bilden. Wirken Sie dem mit regelmäßigem Eincremen entgegen.*
- *Sodbrennen und Verdauungsprobleme sind jetzt leider keine Seltenheit.*

So entwickelt sich Ihr Baby

- *Die so genannte Käseschmiere bedeckt seine Haut.*
- *Ihr Baby nimmt zu und setzt Fett an, es ist jetzt ca. 33 cm lang und wiegt rund 570 g.*

32. Woche

Sie ermüden schnell, alles ist ein bisschen anstrengender als vorher. Vielleicht freuen Sie sich schon darauf, bald nicht mehr arbeiten zu müssen. Jetzt sollten Sie am besten die notwendige Erstausstattung für Ihr Baby besorgen.

Das passiert in Ihrem Körper

- *Ihr Nabel stülpt sich nach außen.*
- *Ihr Harndrang verstärkt sich wieder, denn Ihre Blase hat nicht mehr viel Platz.*

So entwickelt sich Ihr Baby

- *Ihr Baby liegt jetzt in der richtigen Lage, nämlich mit dem Kopf nach unten.*
- *Seine Lungen sind voll entwickelt.*
- *Es ist jetzt ca. 40,5 cm lang und wiegt 1600 g.*

Tipp

Denken Sie immer daran, dass jede Schwangerschaft etwas ganz Einzigartiges ist und sich somit nicht in ein festes Schema pressen lässt. Nur weil es Ihrer Freundin morgens immer übel war, müssen Sie noch lange keine Beschwerden haben!

36. Woche

Sie müssen nun nicht mehr arbeiten gehen und haben wahrscheinlich mit dem liebevollen „Nestbau“ begonnen. Stehen und gehen Sie bewusst gerade, das ist gar nicht mehr so einfach. Die Vorsorgeuntersuchungen sind jetzt im zweiwöchigen Abstand.

Das passiert in Ihrem Körper

- *Der Kopf des Babys rutscht nach unten ins Becken, Verdauungsprobleme und Atembeschwerden lassen nach.*
- *Ihre Fußknöchel können anschwellen, vermeiden Sie langes Stehen.*

So entwickelt sich Ihr Baby

- *Es wird jetzt immer rundlicher, ist ca. 46 cm lang und wiegt 2500 g.*
- *Ihr Baby hat jetzt Fuß- und Fingernägel.*

40. Woche

Der errechnete Geburtstermin rückt immer näher. Machen Sie sich aber keine Gedanken, wenn sich Ihr Kind ein paar Tage verspätet, denn die wenigsten Babys halten sich an den genau ausgerechneten Termin. Spätestens wenn die Wehen im fünfminütigen Abstand kommen, sollten Sie sich auf den Weg ins Krankenhaus machen.

Das passiert in Ihrem Körper

- *Sie haben einen schweren Bauch, die Haut über dem Bauch spannt und juckt manchmal.*
- *Alle Bewegungen sind anstrengend und Sie sind häufig müde.*

So entwickelt sich Ihr Baby

- *Ihr Baby hat die volle Größe und sein Geburtsgewicht erreicht.*
- *Die Käseschmiere befindet sich nur noch in den Hautfalten.*
- *Es hat nicht mehr viel Platz zum Bewegen in Ihrem Bauch, trotzdem spüren Sie noch immer kräftige Stöße von Händen und Füßen.*

Die ersten Bilder

Schon jetzt gibt es die ersten Bilder von Ihrem Baby, nämlich die Ultraschallfotos. Bewahren Sie diese auf, um sie später in einem Babyalbum liebevoll in Szene setzen zu können.

Fotos in Szene setzen

Der Trend, ein gewöhnliches Fotoalbum in ein kleines Kunstwerk zu verwandeln, kommt aus den USA und wird dort als „Scrapbooking" bezeichnet. Hierbei werden nicht einfach nur die Fotos in das Album geklebt, sondern mit allerlei Accessoires und kleinen Erinnerungen liebevoll in Szene gesetzt. Wenn Sie Lust und Zeit haben, dann gestalten Sie das Album für Ihren Nachwuchs auf diese etwas aufwändigere Art und Weise.

Bewahren Sie unbedingt alle Ultraschall-Bilder auf, damit diese einen Ehrenplatz im Album bekommen. Süß sieht es z. B. aus, wenn Sie diese Seite wie abgebildet mit Hand- und Fußabdrücken Ihres Lieblings verschönern. Auch ein Bild von der glücklich strahlenden, kugelrunden Mama macht sich in so einem Album gut! Weitere Beispiele für gestaltete Seiten finden Sie auch auf Seite 102 bis 107 in diesem Buch.

Tipp

Wer will, legt gleich zwei solcher Alben an, eines für sich selbst und eines für das Kind, das es später, wenn es größer geworden ist und zu Hause auszieht, zur Erinnerung mitnehmen kann.

Gut aussehen

Ihre Figur verändert sich während der Schwangerschaft sehr stark. Aus dem anfänglich kleinen Bäuchlein wird ein großer, kugelrunder Bauch. Trotzdem fühlen Sie sich toll, denn schließlich passiert gerade etwas ganz Besonderes: In Ihnen wächst ein kleines Wesen heran. Die Zufriedenheit und das Glück sieht man Ihnen garantiert an, Sie sind wunderschön!

Strahlende Haut

Viele Frauen erfreuen sich während der Schwangerschaft strahlend schöner Haut. Das liegt daran, dass die Haut besser durchblutet wird. Sie sieht einfach toll aus. Eine weitere positive Nebenwirkung haben die Schwangerschaftshormone. Mit ihrem natürlichen Beruhigungseffekt sorgen sie für innere Ruhe und steigern Ihr Selbstwertgefühl. Sie fühlen sich schön und strahlen das auch nach außen hin aus.

Modisch kleiden mit Bauch?

Bis zum vierten, fünften Monat der Schwangerschaft passen Ihnen wahrscheinlich Ihre Kleider. Danach fängt die Kleidung um die Bauch- und Hüftgegend an zu spannen. Bitte nicht verzweifeln. Schauen Sie zuerst in aller Ruhe in Ihren Kleiderschrank. Weitere T-Shirts und Pullover passen bis zum Schluss. Röcke und Hosen mit Gummibund können Sie einfach mit einem neuen, weiteren Gummiband versehen. Ein enganliegendes Stretchkleid wächst mit Ihrem Bauch mit und sieht sexy aus. Vielleicht können Sie auch das ein oder andere Kleidungsstück von Ihrem Partner ausleihen? So kreativ auf Kleidersuche zu gehen kann richtig Spaß machen!
Verschiedene Textilhersteller bieten mittlerweile schicke und auch günstige Sache für werdende Mamas an. Diese Kleidung ist meist verstellbar, damit sie auch noch am Ende der Schwangerschaft passt.

Wohl fühlen

Werdende Mamas klagen häufig über geschwollene Füße und Beine. Deshalb sollten Sie jetzt Stützstrumpfhosen tragen, auch wenn Sie das bisher noch nie getan haben. Damit entlasten Sie Ihre Beine und unterstützen die Blutzirkulation. Tragen Sie außerdem bequeme und flache Schuhe, die nicht zu eng sind. Legen Sie Ihre Beine so oft wie möglich hoch, sie werden es Ihnen danken. Denken Sie daran, dass Ihre Brust während der Schwangerschaft größer wird. Ein gut passender und stützender Schwangerschafts-BH hilft, Schwangerschaftsstreifen vorzubeugen.

Gesund und bewusst ernähren

Gerade in der Schwangerschaft werden Sie wahrscheinlich auch dazu tendieren, intensiver in sich hinein zu hören und sich um Ihren Körper zu kümmern. Ganz wichtig ist jetzt z. B. eine gesunde Ernährung, die Sie und Ihr Baby mit allen Vitaminen und Mineralstoffen versorgt, die Sie beide jetzt brauchen. Lassen Sie sich am besten von Ihrem Arzt beraten, was jetzt für Sie gut ist. Denn auch wenn es Sie danach gelüstet: Eine doppelte Portion Schokolade mit Essiggurken muss nicht sein.

Verwöhnen

Die Haut über dem Bauch und in der Hüftgegend wird während der Schwangerschaft enorm gedehnt. Verwöhnen Sie sich deshalb mit einem zart duftenden Öl und massieren Sie damit täglich den Bauch und die Oberschenkel ein. Beginnen Sie mit der Massage spätestens im fünften Schwangerschaftsmonat und fahren Sie damit auch noch nach der Geburt fort, bis Sie Ihr altes Gewicht wieder erreicht haben. Sie wirken damit den so genannten Dehnungsstreifen entgegen.

Massageöl

Zutaten

- *5 Tropfen Lavendelöl*
- *1 EL Jojoba- oder Weizenkeimöl*

Mischen Sie das Lavendelöl mit dem Jojoba- oder Weizenkeimöl und massieren Sie damit regelmäßig Ihren Bauch ein.

Sportlich unterwegs

Keine Angst, nur weil Sie schwanger sind, müssen Sie noch lange nicht auf Ihr Sportprogramm verzichten, das Sie für Ihr Wohlbefinden einfach brauchen. Natürlich stehen jetzt keine sportlichen Wettkämpfe mehr auf dem Programm, aber schwimmen, Rad fahren oder ein bisschen Gymnastik dürfen und sollen auch sein!

Fit während der Schwangerschaft

Es spricht nichts dagegen, auch während der Schwangerschaft Sport zu treiben, vorausgesetzt, Ihre Schwangerschaft verläuft ohne Komplikationen. Allerdings sollten Sie nicht unbedingt mit einer neuen Sportart beginnen oder sich zu Höchstleistungen zwingen. Tabu sind Sportarten mit hohem Verletzungsrisiko und Kampfsportarten. Fragen Sie vorsichtshalber jedoch vorher Ihren Arzt. Und glauben Sie bitte auch nicht, gerade jetzt zur Sportskanone werden zu müssen, wenn Sie vorher Ihre Abende lieber vor dem Fernseher verbracht haben. Alles in Maßen, heißt es nun!

Schwimmen

Sie sind eine Wasserratte? Fantastisch, denn schwimmen können Sie bis zum letzten Tag Ihrer Schwangerschaft. Beim Schwimmen bewegen Sie alle Muskeln, ohne dabei jedoch Ihre Gelenke zu stark zu strapazieren. Sie bleiben in Form und Ihr Rücken wird entlastet. Lassen Sie sich auch mal im Wasser treiben und genießen Sie das Gefühl der Schwerelosigkeit.

Rad fahren

Rad fahren macht Spaß und belastet Ihre Gelenke nicht zu stark. Außerdem tut Ihnen die Bewegung an der frischen Luft gut. Und wer weiß: Vielleicht entdecken Sie unterwegs ja einen schönen Weg, an dem Sie später Ihren Kinderwagen entlang schieben können?

Spaziergänge

Bei Bewegung an der frischen Luft können Sie entspannen, trainieren dabei aber gleichzeitig Ihre Beweglichkeit. Wenn Ihnen gegen Ende der Schwangerschaft die Füße zu schwer werden, dann gehen Sie einfach etwas langsamer.

Gymnastik

Es gibt zahlreiche Übungen, die für Schwangere besonders gut geeignet sind. Mit gezielter Gymnastik können Sie z. B. Rückenschmerzen vorbeugen. Viele Übungen können Sie zu Hause machen, empfehlenswert ist es aber, einen Schwangerschaftsgymnastik-Kurs zu besuchen.

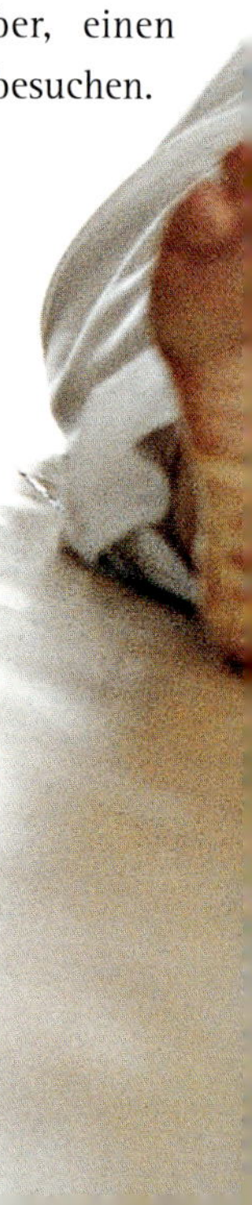

Tipp

Achten Sie darauf, dass auch Ruhe und Entspannung während Ihrer Schwangerschaft nicht zu kurz kommen!

Richtig vorbereitet

Alle Kurse zur Geburtsvorbereitung haben das Ziel, wie der Name schon sagt, Sie gut auf die Geburt vorzubereiten. Dabei soll der Kreislauf „Angst – Verkrampfung – schmerzvollere Wehen" durchbrochen werden. Sie sollen sich an eine schöne, schmerzärmere Geburt erinnern können.

Nehmen Sie Kontakt auf

Schon jetzt können Sie Kontakt zu Ihrem Baby aufnehmen. Streicheln Sie liebevoll Ihren Bauch. Vielleicht meldet sich Ihr Kind ja mit heftigen Bewegungen „zu Wort"? Legen Sie regelmäßig eine Spieluhr auf Ihren Bauch und lassen Sie das Schlummerlied ablaufen. Nach der Geburt hilft das Ihrem Baby beim Einschlafen. Es erinnert sich wieder an die süßen Töne und fühlt sich geborgen.

Ihr Partner

Ist geplant, dass Ihr Partner bei der Geburt mit von der Partie ist? Dann wäre es auch sinnvoll, den Geburtsvorbereitungskurs gemeinsam zu besuchen. Im Kurs erfährt er, wie er Sie während der Wehen unterstützen kann, und ist so eine echte Hilfe im Kreißsaal. Außerdem wird er von Anfang an mit einbezogen und kommt sich nicht überflüssig vor.

Kursangebot

In der Regel werden viele unterschiedliche Kurse angeboten. Überlegen Sie sich deshalb schon frühzeitig, welchen Kurs Sie belegen wollen. Informationen bekommen Sie bei Hebammen, Geburtskliniken und gemeinnützigen Veranstaltern. Oft liegen beim Frauenarzt Informationsblätter der Kurs-Anbieter in der Umgebung aus. Normalerweise übernehmen die gesetzlichen Krankenkassen die Kosten für den Kurs, allerdings erkennen sie nicht alle Kurse an. Informieren Sie sich deshalb schon im Voraus bei Ihrer Krankenkasse.

Was lernen Sie im Geburtsvorbereitungskurs?

In Geburtsvorbereitungskursen lernen Sie zahlreiche Übungen, die Ihnen die Geburt erleichtern, bekommen wertvolle Informationen und lernen zudem Frauen bzw. Paare kennen, die sich in der gleichen Situation wie Sie befinden. Deshalb lohnt sich der Besuch für Sie auf alle Fälle. Schon manch dicke Freundschaft ist aus so einem Kurs hervorgegangen! Freuen Sie sich auf:

Entspannungsübungen

Sie lernen sich zu entspannen. So können Sie in einer Wehenpause neue Kräfte sammeln.

Atemübungen

Die richtige Atmung versorgt Sie und Ihr Baby während der Geburt mit genügend Sauerstoff. Ihre Muskeln ermüden nicht so schnell, außerdem kann richtiges Atmen die Wehenschmerzen lindern. Die Konzentration auf Ihren Atem lenkt Sie während der Wehen ab und hilft Ihnen, sich nicht gegen die

Wehen zu wehren, sondern sie anzunehmen und sie so leichter zu überstehen. Sie benötigen weniger schmerzstillende Medikamente.

Gymnastik

Gezielte Übungen helfen Ihnen, Schwangerschafts-Beschwerden wie Rückenschmerzen oder schwere Beine zu lindern. Hier hilft aber nur regelmäßiges Üben, auch zu Hause.

Informationen

Sie bekommen fachkundige medizinische Aufklärung. So können Sie einschätzen, was während der Geburt auf Sie zukommt. Außerdem erfahren Sie viel Wissenswertes über den Verlauf der Geburt, das Leben mit einem Neugeborenen und das Stillen. Haben Sie keine Hemmungen, Fragen zu stellen.

Gespräche

Sprechen Sie mit anderen werdenden Eltern über Ihre Ängste und Sorgen. Sie werden sehen, dass diese ähnliche Gefühle wie Sie haben.

Das erste Kinderzimmer

Sie freuen sich riesig auf Ihr Kind und wollen es in einem schönen Zuhause willkommen heißen? Dann machen Sie sich am besten früh darüber Gedanken, wie Sie das Kinderzimmer einrichten wollen. Hier finden Sie ein paar Tipps, worauf Sie dabei achten sollten. So fühlt sich Ihr Baby ringsum wohl.

Tipp

Ein in Gelb gestaltetes Kinderzimmer sorgt für gute Laune und Blau hilft beim Einschlafen, weil es sehr beruhigend wirkt.

Hell und freundlich

Am Anfang braucht der neue Erdenbürger nicht unbedingt sofort ein eigenes Zimmer. Ein Bettchen in Ihrem Schlafzimmer ist völlig ausreichend. Wenn Sie sich jedoch entschließen, doch gleich ein Kinderzimmer einzurichten, dann sollte dieses hell, freundlich und ruhig sein und sich mit Jalousien oder Vorhängen verdunkeln lassen, damit Ihr Baby ungestört schlafen kann. Achten Sie darauf, dass die Zimmertemperatur tagsüber um die 20 °C beträgt, nachts zum Schlafen reichen 18 °C völlig aus. Die Luftfeuchtigkeit sollte zwischen 50 und 70 Prozent betragen. Um dies zu erreichen, stellen Sie gegebenenfalls eine Wasserschale auf oder hängen ein feuchtes Handtuch auf.

Besonders wichtig: ein funktioneller Wickelplatz

Am Anfang wickeln Sie Ihr Kind sechs- bis achtmal am Tag. Deshalb ist es besonders wichtig, dass Sie einen funktionellen Wickelplatz haben. Die Pflegeutensilien müssen leicht erreichbar sein und die Wickelfläche relativ groß, denn Ihr Kind wächst sehr schnell. Seitliche Umrandungen schützen vor einem Sturz. Trotzdem sollten Sie Ihr Kind nie alleine auf dem Wickeltisch liegen lassen! Achten Sie auch auf die Höhe des Wickelplatzes, denn Rückenschmerzen sind bei zu niedrigen Wickelkommoden vorprogrammiert.

Möbel zum Mitwachsen

Überlegen Sie schon jetzt, wie Sie das Kinderzimmer in Zukunft einrichten wollen. Natürlich können Sie typische Babymöbel wie eine Wiege, einen Stubenwagen oder eine Wickelkommode kaufen. Der Handel bietet aber auch zahlreiche Kindermöbel an, die „mitwachsen". So können Sie z. B. eine Wäschekommode mit Wickelaufsatz kaufen oder eine Wiege, die sich zum Gitterbett und später sogar zum Bett für den Teenager umbauen lässt. Lassen Sie sich vor dem Kauf im Fachgeschäft ausführlich beraten.

Stabil und strapazierfähig

Sicher, am Anfang wird Ihr Kind viel schlafen oder bei Ihnen sein wollen. Später aber ist das Kinderzimmer sein Reich und muss für Spiel- und Tob-Aktionen tauglich sein. Die Möbel sollten daher sehr stabil sein – Kleinkinder benutzen ihr Bett z. B. nämlich auch gerne als Trampolin.

Der Fußboden im Kinderzimmer sollte möglichst unempfindlich und nass zu wischen sein. Wenn Ihr Kind im Krabbelalter ist, können Sie einen günstigen Teppich verlegen, damit der Fußboden nicht zu kalt ist.

Bunte Wände

Wählen Sie am besten lustige Tapeten oder Bordüren für das Kinderzimmer aus. Wenn Sie wollen, können Sie diese auch ganz einfach selbst machen. Mit Stempeln lassen sich z. B. lustige Motive auf die Wand drucken. Aber Vorsicht: Zu große Muster machen manchen kleinen Babys Angst. Bei der Farbenwahl sind Ihnen keine Grenzen gesetzt, denn bunt ist lustig und macht froh!

Niedliche Holztiere

Kleinere Einrichtungs- und Deko-Gegenstände fürs Kinderzimmer können Sie ganz leicht selbst anfertigen. Wie wäre es zum Beispiel mit niedlichen Holztieren, die als Regal, Messlatte oder Türstopper dienen? Die begeistern schon ganz kleine Kinder – und große sowieso!

Werkzeuge und Materialien

Sie haben noch nie mit Holz gearbeitet? Kein Problem. Mit den ausführlichen Anleitungen gelingt Ihnen das bestimmt spielend. Folgende Materialien und Werkzeuge sollten Sie für Ihre Holzarbeiten bereit legen:

- *Laub- oder Dekupiersäge (mit Sägeblättern für Holz)*
- *ggf. Bohrmaschine*
- *Schraubzwinge*
- *Schleifpapier, Körnung z. B. 80 und 120*
- *Feile*
- *Pauspapier*
- *ggf. Transparentpapier*
- *Klebefilm*
- *Bleistift*
- *breiter Borstenpinsel*
- *dünner Pinsel*
- *dünner Stift in Schwarz (wasserfest)*
- *Klebstoff*
- *Heißklebepistole*
- *evtl. Sprühlack*

Die weitere Materialangaben finden Sie bei den jeweiligen Modellen.

Hinweis

Als Holzrest wird immer ein Holzstück bezeichnet, das maximal 15 cm x 20 cm groß ist.

So bearbeiten Sie die Holztiere

1. Die Vorlage pausen Sie entweder mithilfe von Transparentpapier aus dem Buch ab oder Sie kopieren sie in einem Kopiergeschäft, ggf. mit dem angegebenen Vergrößerungsfaktor. Legen Sie auf die Sperrholzplatte einen Bogen Pauspapier und darüber die Vorlage und fixieren Sie beides mit Klebefilmstreifen auf dem Holz. Dann ziehen Sie die Linien auf der Vorlage (einschließlich der Innenlinien) mit Bleistift nach. Es empfiehlt sich, beim Übertragen zwischen den einzelnen Motivteilen (wie z. B. zwischen dem Körper und den Beinen) etwas Platz zu lassen, weil das Aussägen der Einzelteile dann besser geht. Dazu lösen Sie die Vorlage und ggf. das Pauspapier ab und kleben alles mit etwas Versatz wieder fest.

Achten Sie darauf, dass Ihr Holzstück nicht zu knapp bemessen ist, sonst ist es beim Aussägen schwieriger. Die Angaben hier im Buch sollten Sie mindestens einplanen.

2. Dann sägen Sie das Motiv mit einer Laub- oder Dekupiersäge aus und glätten die Kanten mit der Feile und Schleifpapier. In den Ecken sägen Sie am besten auf der Stelle und drehen dabei das Motiv langsam. Sie können aber auch mit einem dünnen Bohrer ein kleines Loch in die Ecken bohren, das Sägeblatt dort einführen und so die Ecken aussägen. Damit Sie die Sperrholzplatte beim Aussägen nicht ständig festhalten müssen, schrauben Sie sie mit einer Schraubzwinge am Tisch fest.

3. Zum Schluss bemalen Sie das Motiv mit Acrylfarbe oder einer anderen für Holz geeigneten Bastelfarbe. Für den zarten, transparenten Anstrich verdünnen Sie die Farbe stark mit Wasser, für die kräftigen Farbakzente, wie z. B. die Fellzeichnung beim Schäfchen, wird die Farbe unverdünnt aufgetragen. Um ein Ineinanderlaufen der Farben zu vermeiden, sollte die erste Farbe richtig trocken sein, bevor die nächste aufgetragen wird. Bei den Wangen geben Sie zum Schluss einen kleinen, weißen oder elfenbeinfarbenen Pinselstrich ins Rosa. Auch die Augen und eventuell Nasen erhalten als Lichtflecke etwas Elfenbein oder Weiß aufgemalt. Nach dem Trocknen ziehen Sie die Augen und die Innenlinien mit einem dünnen, schwarzen Stift nach. Zum Ankleben einzelner Holzteile verwenden Sie die Heißklebepistole oder Klebstoff.

Wichtig!

Bitte denken Sie daran, dass die Holzmotive nur zur Dekoration dienen. Der Säugling sollte damit weder spielen noch sie in den Mund nehmen, weil die meisten der im Handel erhältlichen Farben nicht lebensmittelecht sind!

Kantenhocker-Hund

Material

- *Pappelsperrholz, 1 cm stark, 20 cm x 30 cm*
- *Bastelfarbe in Schwarz, Elfenbein, Mittelbraun und Milchkaffee*
- *Paketschnur, 1,7 mm stark*
- *Bohrer, ø 2 mm*

Vorlage Seite 110

Alle Teile aussägen und wie abgebildet bemalen. Von oben drei Löcher für die Haare ins Sperrholz bohren und dort hinein drei Haare aus Paketschnur kleben. Dann die Pfoten und die Nase aufkleben. Dabei darauf achten, dass die Auflagefläche des Kopfes wirklich gerade ist und die Pfoten und die Nase genau senkrecht aufgeklebt werden.

Raben-Regal

Material

- *Pappelsperrholz, 6 mm stark, Rest*
- *Pappelsperrholz, 1 cm stark, 40 cm x 70 cm*
- *Bastelfarbe in Ultramarinblau, Mittelgelb und Elfenbein*
- *Bohrer, ø 1,5 mm, 2 mm und 4 mm*
- *6 Holzschrauben, 3,5 mm x 25 mm*
- *2 Stiftnägel, 1,2 mm x 20 mm*
- *evtl. Holzleim*

Vorlage Seite 111

Den Schnabel aus dem dünnen und die restlichen Teile aus dem dicken Sperrholz aussägen, die benötigten Löcher in das Holz bohren und alles wie abgebildet bemalen. Nach dem Trocknen den Schnabel ankleben und das Regal zusammenschrauben. Statt der Schrauben können die Stoßflächen auch mit Holzleim eingestrichen und danach zusammengenagelt werden. Bevor die Füße angeklebt werden, sollten die Löcher für die Befestigung an der Wand gebohrt werden.

Schäfchen-Garderobe

Material

- *Pappelsperrholz, 6 mm stark, Rest*
- *Pappelsperrholz, 1 cm stark, 62 cm x 50 cm (inkl. Holzbügel)*
- *Bastelfarbe in Pfirsich, Wildrose, Elfenbein und Schilf*
- *Satinband in Hellgrün, 3 mm breit, ca. 42 cm lang*
- *2 Holzknöpfe in Natur, ø 25 mm, 27 mm hoch*
- *Bohrer, ø 1,5 mm und 3,5 mm*
- *2 Stiftnägel, 1,2 mm x 20 mm*
- *2 Senkkopfschrauben, 3,5 mm x 30 mm*

Vorlage Seite 112

Das Schäfchen, die beiden Arme und den Kleiderbügel aus dem dicken und die Blüte aus dem dünnen Sperrholz aussägen, alles wie abgebildet bemalen und die Farben trocknen lassen. Die Arme durch die vorgebohrten Löcher annageln, allerdings nicht zu fest, damit sie seitlich noch beweglich sind. Dann dem Schäfchen eine Schleife um den Hals binden. Die zwei kleinen Holzknöpfe, die vorher pfirsichfarben bemalt wurden, anschrauben. Dazu das Schäfchen an zwei Stellen durchbohren und die Holzknöpfe mit den Senkkopfschrauben, die von hinten durch die Löcher gesteckt werden, festschrauben. Den Kleiderbügel bemalen und die Blüte darauf aufkleben.

Tipps

Die Garderobe können Sie mit Klebekissen befestigen oder anschrauben. Zum Anschrauben durchbohren Sie das Schäfchen an zwei Stellen und befestigen es mit Schrauben und Dübeln an der Wand.

Es gibt im Handel auch fertige Holzkinderbügel, die Sie nach Geschmack verschönern können!

Bärchen-Türstopper

Material

- *Pappelsperrholz, 1 cm stark, Rest*
- *Pappelsperrholz, 6 mm stark, Rest*
- *Holzlatte, 11 cm lang, 1,8 cm hoch und 4 cm breit*
- *Bastelfarbe in Pfirsich, Elfenbein, Mittelbraun, Zartrosa und Taubenblau (hell)*
- *Stoffdreieck, 16 cm x 16 cm x 27 cm*

Vorlage Seite 113

Den Bären aus dem dicken und die Nase aus dem dünnen Sperrholz aussägen, wie abgebildet bemalen und nach dem Trocknen die Nase aufkleben. Den Holzkeil laut Vorlagenzeichnung abschrägen und den Bär dagegenkleben. Zum Schluss dem Bär das Halstuch umbinden.

Tipp

Besonders hübsche Stoffe finden Sie bei Patchworkstoffen.

Kantenhocker-Mäuschen

Material

- *Pappelsperrholz, 1 cm stark, Rest*
- *Bastelfarbe in Taubenblau (hell), Zartrosa, Schwarz und Elfenbein*
- *Paketschnur, 1,7 mm stark*
- *Bohrer, ø 2 mm*

Vorlage Seite 110

Die Maus und ihre Beine aus dem Sperrholz aussägen und wie abgebildet bemalen. Ein Loch für das Schwänzchen ins Sperrholz bohren und ein Stückchen Paketschnur hineinkleben. Beide Beine genau senkrecht aufkleben.

Giraffen-Messlatte

Material

- *Pappelsperrholz, 4 mm stark, 20 cm x 30 cm*
- *Pappelsperrholz, 1 cm stark, 65 cm x 25 cm*
- *Kiefern-Holzlatte, 8 cm breit, 160 cm lang, 1 cm stark*
- *Bastelfarbe in Mittelgelb, Hautfarbe, Zartrosa, Elfenbein, Schwarz, Schilf, Ultramarinblau, Pfirsich und Scharlachrot*
- *Schleifenband in Hellgrün, 2,5 cm breit, ca. 65 cm lang*
- *Kordel in Gelb, ø 3 mm, 130 cm lang*
- *2 Ringschrauben, geschlossen*
- *Holzwäscheklammern, 4,5 cm lang*

Vorlage Seite 113

Hinweis

Falls Sie die Messlatte an einer Wand aufhängen wollen, an der unten eine Fußbodenleiste ist, dann müssen Sie die Messlatte am unteren Ende um die Höhe der Fußbodenleiste kürzen und danach beim Aufkleben der kleinen Giraffe die Differenz beachten.

Die Giraffe, das Mundteil und die Füße aus dem dicken und die Herzchen aus dem dünnen Sperrholz aussägen. Die Giraffe wie abgebildet bemalen, nach dem Trocknen das Mundteil, die Herzchen und das Fußteil ankleben und die Schleife umbinden. Auf die grundierte Latte die Zentimeterangaben aufmalen (von 60 cm bis 150 cm) und die bunten Herzchen und die Giraffe aufkleben. Von vorne parallel zur Lattenkante und mit ca. 1 cm Abstand zur Kante zwei Ringschrauben in die Latte schrauben, und zwar unterhalb der 60 cm-Angabe und oberhalb der 150 cm-Angabe. Die Kordel durch die Ringschrauben ziehen und oben und unten durch einen Knoten sichern. Mithilfe der bemalten Holzklammern kann dann später die Größe des Kindes festgehalten werden Dazu einfach das Datum auf die Klammer schreiben und diese an der entsprechenden Stelle auf der Kordel anklammern.

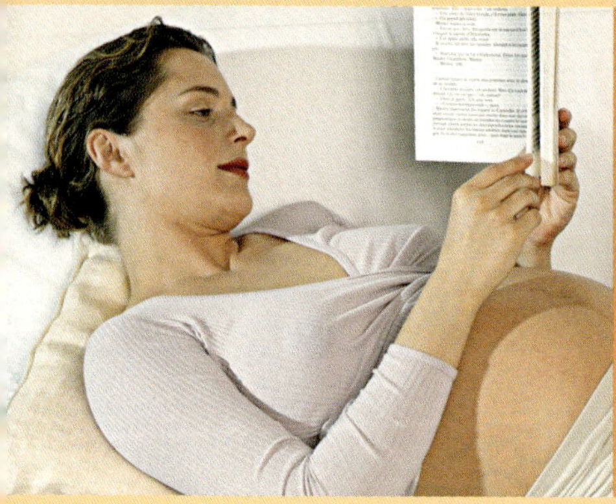

Bald bist du da

Jetzt ist es bald so weit, denn der errechnete Geburtstermin rückt immer näher und näher. Bestimmt sind Sie schon furchtbar gespannt auf den kleinen Menschen, der bald das Licht der Welt erblicken wird. Nun ist Nestbau im Kinderzimmer angesagt. Genießen Sie aber auch noch alleine oder zu zweit die letzten ruhigen Stunden, die Sie für die nächste Zeit haben werden!

Nestbau

Der errechnete Geburtstermin rückt immer näher und näher. Sie müssen nun nicht mehr arbeiten gehen, gönnen sich zu Hause ruhige Stunden für sich selbst, besorgen die Erstausstattung und treffen die letzten Vorbereitungen im Kinderzimmer, um Ihrem Baby ein liebevolles, warmes Nest zu bereiten.

Genießen Sie die Zeit!

Wenn Sie sich gut fühlen, spricht nichts dagegen, dass Sie die letzten paar ruhigen Wochen, die Sie jetzt noch haben, auch in vollen Zügen genießen und die Dinge tun, zu denen Sie während Ihrer Arbeitszeit einfach nicht gekommen sind. Gehen Sie gute Freunde besuchen, treffen Sie sich mit Ihrer besten Freundin zu einem ausgiebigen Kaffeeklatsch, kleben Sie die Fotos von den letzten drei Urlauben in Fotoalben, nehmen Sie sich ganz bewusst noch einmal Zeit nur zu zweit und, und, und. Bestimmt fallen Ihnen hier tausend verschiedene Dinge ein. Langweilig wird es Ihnen ganz bestimmt nicht werden!

Nestbau

Schwere körperliche Arbeit ist nun nicht mehr angesagt. Trotzdem können Sie jetzt noch viele schöne Sachen machen, mit denen Sie das Kinderzimmer in ein kuscheliges Nest verwandeln. Nähen Sie z. B. einen Betthimmel oder entwerfen Sie selbst Bettwäsche für das erste Kinderbett. Oder greifen Sie zu Stricknadeln und stricken Sie ein farbenfrohes Jäckchen! Nehmen Sie sich Zeit und seien Sie kreativ!

Ihre Erstausstattung

Was Ihr Baby alles braucht, ergibt sich erst im Laufe der Zeit. Die notwendige Erstausstattung sollten Sie aber auf alle Fälle vor der Geburt besorgen, damit Sie hinterher die erste Zeit daheim möglichst stressfrei genießen können. Die nebenstehende Liste hilft Ihnen hier bestimmt weiter und dient gleichzeitig als Wunschzettel für die aufgeregten Großeltern in spe.

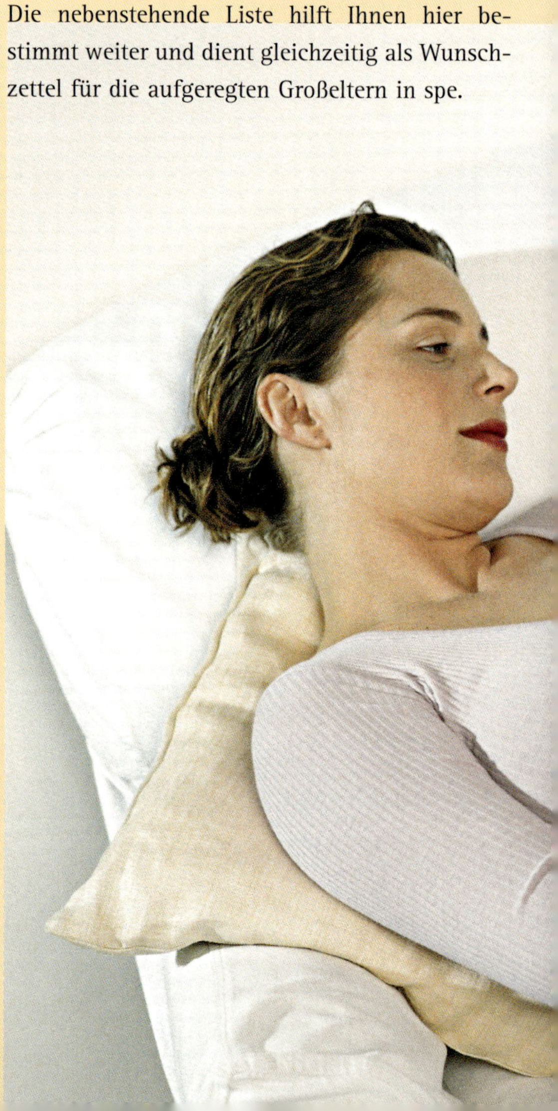

Das sollten Sie besorgen

Kleidung (abhängig von der Jahreszeit)

- 6 Bodys, Kurz- oder Langarm, Größe 50 – 62
- Jäckchen und Mützchen
- 6 Strampelanzüge bzw. Höschen und Oberteil
- 2 Paar Babyschuhe oder Babysöckchen
- 3 Strumpfhosen
- 2 Baumwollmützchen
- 2 – 4 Schlafanzüge
- 12 Mullwindeln als Spucktücher
- Lätzchen
- ggf. Handschuhe (im Winter)

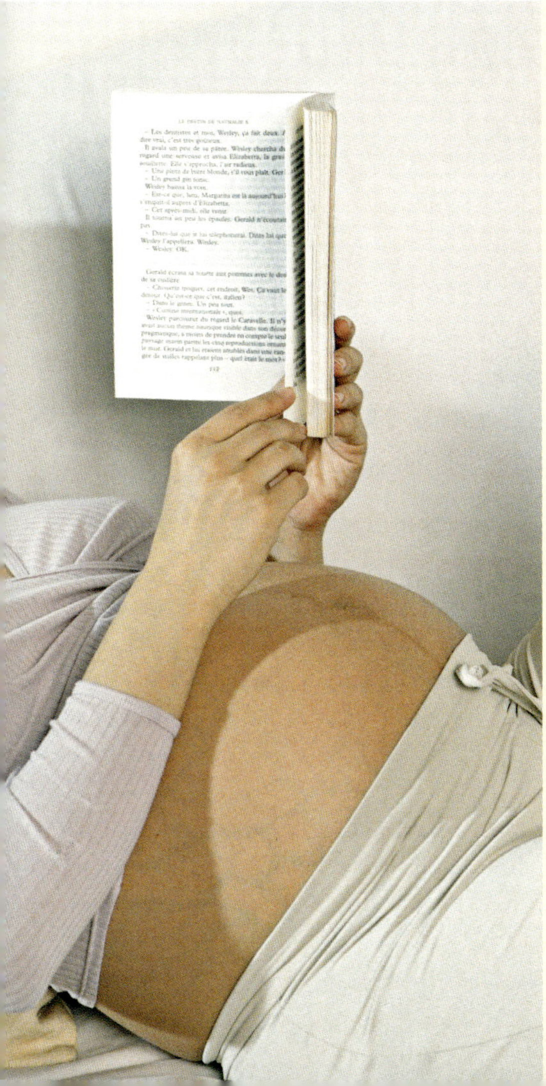

Für das Bettchen

- Babybett, Wiege oder Stubenwagen mit Matratze
- leichte Decke (möglichst waschbar)
- 2 Bettlaken
- 2 Bettbezüge
- feuchtigkeitsundurchlässige Moltonunterlage
- Schlafsack
- Wärmflasche, Kirschkernsäckchen
- Spieluhr

Für den Wickelplatz

- Wickelkommode
- waschbare, weiche Wickelauflage
- Windeleimer mit Deckel
- Wäschekorb
- 2 Pakete Windeln für Neugeborene

Für die Babypflege

- geteilte Waschschüssel (für Gesicht und Körper)
- Bade- und Fieberthermometer
- 2 Badehandtücher mit Kapuze
- 6 Mullwaschlappen oder 2 Pakete Einmal-Waschlappen
- Babyseife, Creme, Öl, Badezusatz, Haarshampoo
- Kamm und Babyhaarbürste
- Wund- und Heilsalbe
- Baby-Nagelschere
- Wattestäbchen
- Reinigungstücher (feucht oder mit Öl)

Für Unterwegs

- Kinderwagen
- Tragetuch oder -beutel
- Baby-Autositz

Ernährung (falls Sie nicht stillen)

- 6 Babyflaschen mit Milchsauger
- Babyflasche mit Teesauger
- einige Ersatzsauger
- Sterilisiergerät für Babyflaschen mit Zubehör
- Milchfertignahrung und Babytees

Tipp

Legen Sie die Spieluhr schon während der Schwangerschaft immer mal wieder auf Ihren Bauch. Später erinnert sich Ihr Baby an die Melodie und lässt sich mit der Spieluhr besser beruhigen.

Wie soll unser Kind heißen?

Leon oder Lucas, Marie oder Sophie? Kurz vor der Geburt sollten Sie sich einig sein, wie Ihr Kind heißen soll. Der passende Name soll schön sein, etwas ganz Besonderes eben, aber doch nicht zu ausgefallen. Mit den folgenden Tipps und Tricks geht die Namenssuche etwas einfacher!

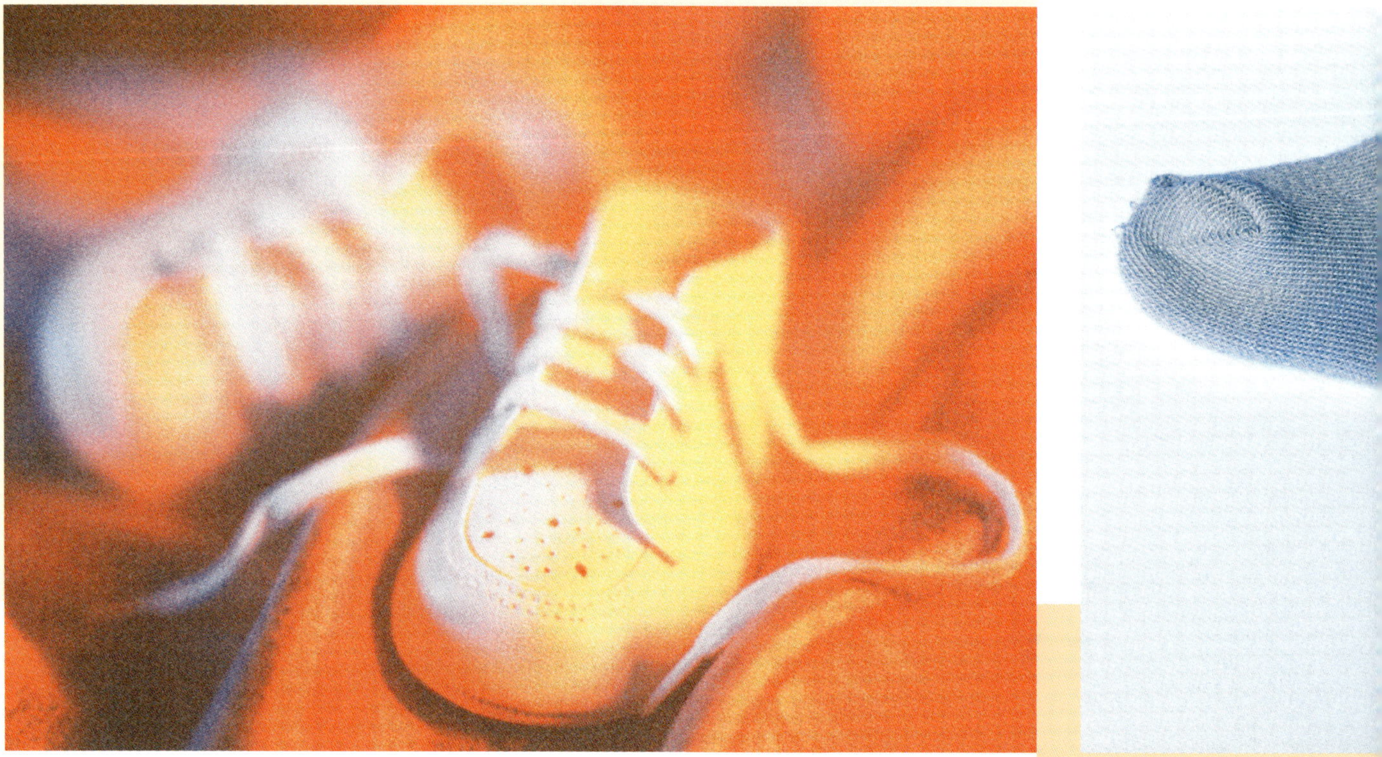

Seien Sie offen

Gehen Sie mit offenen Augen und Ohren durch die Welt. Vielleicht fällt Ihnen ja irgendwo ein neuer Name, den Sie noch nie zuvor gesehen oder gehört haben, positiv auf, z. B. in einem Kinofilm oder Ihrem neuen Lieblings-Roman. Machen Sie sich eine Liste mit Ihren Lieblingsnamen und sprechen Sie sich dann mit Ihrem Partner ab. Dieser Prozess ist erfahrungsgemäß nicht ganz einfach und dauert seine Zeit. Ein Zweitname macht bei der Namensfindung vieles einfacher und freut später sicher auch Ihr Kind!

Junge oder Mädchen?

Sie wissen schon, ob es ein Junge oder ein Mädchen wird? Denken Sie bitte trotzdem nicht, dass es jetzt reicht, wenn Sie sich bei der Namenssuche auf nur auf ein Geschlecht konzentrieren, denn es kommt immer wieder vor, dass sich die Ärzte trotz Ultraschallbild nicht genau festlegen können oder sich täuschen. Manch ganz sicheres Mädchen erblickte schon als Junge das Licht der Welt und umgekehrt. Haben Sie deshalb auch immer einen Namen für das andere Geschlecht in petto!

Die richtige Kombination

Ein bestimmter Vorname klingt in Ihren Ohren wie Musik? Haben Sie auch an den Nachnamen gedacht? Denn manchmal kann es passieren, dass sich ein Vorname in Verbindung mit dem Nachnamen überhaupt nicht mehr schön anhört. Denken Sie auch daran, dass manche Personen fremdländisch klingende Namen nur schwer aussprechen können.

Bücher und Internet

Namensbücher und das Internet sind Ihnen bei der Suche nach dem passenden Vornamen eine große Hilfe. Hier finden Sie die Vornamen alphabetisch aufgelistet und erfahren von jedem Namen Herkunft und Bedeutung. Im Internet sind auch die Hitlisten der beliebtesten Namen des aktuellen und des vergangenen Jahres aufgeführt.

Idole und Vorbilder

Verehren Sie einen Filmstar, haben Sie einen Lieblingsschriftsteller, verfolgen Sie die Erfolge eines Sportlers intensiv oder bewundern Sie Ihre beste Freundin? Und zufälligerweise hat Ihr Vorbild auch noch einen richtig tollen Vornamen? Ideal, denn bestimmt haben Sie auch schon festgestellt, dass Sie bei bestimmten Namen immer an bestimmte Personen denken, und je nachdem, ob Sie die Person mögen oder nicht, gefällt Ihnen auch der Name oder eben nicht. Bedenken Sie aber bitte, dass Sie nicht die einzigen sein werden, die auf diese Idee kommen ...

Alles schon passiert

Es kann auch vorkommen, dass Ihr Kind auf die Welt kommt und Sie dann feststellen, dass der von Ihnen ausgewählte Name überhaupt nicht zu ihm passt. Denn schon jetzt ist das kleine Wesen eine richtige Persönlichkeit. Keine Angst, Sie haben noch ein paar Tage Zeit, bevor Sie sich endgültig entscheiden müssen, denn den Vornamen können Sie beim Standesamt noch „nachreichen“.

Tipp

Wenn Sie Diskussionen im Freundes- und Familienkreis über den von Ihnen ausgewählten Namen vermeiden wollen, dann halten Sie den ausgesuchten Namen bis zum Schluss geheim. Sonst fühlen sich nämlich viele genötigt, zu Ihrer Wahl einen Kommentar abzugeben.

Kuschelsachen zum Liebhaben

Nähen Sie einen Betthimmel, Bettwäsche und einen süßen Flaschenwärmer oder stricken Sie ein Jäckchen in kräftigen Farben – das sind Kuschelsachen zum Liebhaben!

Betthimmel

Material

- *Baumwollsatin in Blau gemustert, 140 cm x 135 cm und 35 cm x 42 cm*
- *Baumwollsatin in Weiß gemustert, 160 cm x 23 cm, 12 cm x 130 cm (2 x) und 35 cm x 42 cm*
- *Volumenvlies, 8 cm x 148 cm (für die Oberkante) und 30 cm x 24 cm (für die Schleife)*
- *2 Druckknöpfe oder 1 große Sicherheitsnadel*
- *Nähgarn in passender Farbe*

Für den Himmel vom blauen Stoff ein 140 cm x 135 cm großes Rechteck zuschneiden. Die untere Kante zuerst 1 cm breit umsäumen, 5 cm nach innen umschlagen und festnähen. Die obere Kante nur 1 cm nach innen umlegen und festbügeln. Dann für den weißen Streifen oben ein 160 cm x 23 cm großes Stück von dem weißen Baumwollsatin zuschneiden, an den kurzen Seiten 5 cm nach innen legen und festbügeln. Den Streifen der Länge nach mittig falten, den 148 cm x 8 cm großen Streifen Volumenvlies innen an die Bügelkante legen und den weißen Streifen dann von der rechten Seite her entlang des Volumenvlieses steppen. Die überstehenden, „offenen“ Stoffkanten rechts und links um die Oberkante des blauen Himmels legen und festnähen. Für die beiden Seitenstreifen vom weißen Stoff zwei 12 cm x 130 cm große Streifen zuschneiden, an den Seiten jeweils 1 cm umschlagen, festbügeln und die Streifen dann der Länge nach links auf links zusammenlegen. Dann die weißen Streifen an den Seiten des blauen Himmels festnähen. Dazu die Seitenkanten des Himmels in die zusammengelegten Streifen legen (Unter- und Oberkante sollten bündig sein), alles mit Stecknadeln feststecken und festnähen. Für die Schleife je einen 32 cm x 25 cm großen Streifen vom blauen und vom weißen Stoff zuschneiden, rechts auf rechts aufeinander legen und zusammennähen. Dabei an einer Seite einen ca. 10 cm langen Spalt offen lassen. Vom Volumenvlies ein 30 cm x 23 cm großes Rechteck zuschneiden und dieses Stück mit der Schleifenhülle beziehen. Den Spalt schließen. Die Schleife in der Mitte mit einem Faden zusammenbinden und mit zwei Druckknöpfen oder einer Sicherheitsnadel am Himmel befestigen.

Bettwäsche

Material

- *Baumwollsatin in Blau gemustert, 82 cm x 116 cm, 12 cm x 54 cm und 12 cm x 49 cm (2 x)*
- *Baumwollsatin in Weiß gemustert, 82 cm x 86 cm, 42 cm x 65 cm und 42 cm x 47 cm*
- *Nähgarn in passender Farbe*

Für den Bettbezug vom blauen Stoff 82 cm x 116 cm zuschneiden, die Oberkante zuerst 1 cm, dann 5 cm umschlagen und säumen. Vom weißen Stoff 82 cm x 86 cm zuschneiden. Die Oberkante zuerst 1 cm, dann 4 cm umschlagen und säumen. Den weißen und den blauen Stoff rechts auf rechts aufeinander legen, und zwar so, dass die Stoffstücke an der Unterkante bündig aufeinander liegen und der überlappende Teil des blauen Stoffs über den weißen geklappt wird. Den Bezug an den Seiten schließen und wenden.

Für die Kissenhülle vom weißen Stoff 42 cm x 65 cm zuschneiden. Die Unterkante zuerst 1 cm, dann 4 cm nach innen umschlagen und säumen. Dann die Unterkante 19 cm nach innen umschlagen und umbügeln. Ein zweites, 42 cm x 47 cm großes Teil zuschneiden. Die Unterkante zuerst 1 cm, dann 4 cm nach innen umschlagen und säumen. Alle übrigen Kanten des Kissens 1 cm nach innen umbügeln. Die zwei Kissenteile links auf links aufeinander legen, und zwar so, dass der überstehende Teil auf den anderen geklappt wird. Auf diese Art und Weise entsteht die Öffnung, in die später das Kissen gestopft werden kann. Für den Kissenrand einen 12 cm x 54 cm und zwei 12 cm x 49 cm große Streifen vom blauen Stoff zuschneiden. Jeden Streifen rechts auf rechts der Länge nach in der Mitte zusammenlegen. Die Kanten schräg zu Briefecken nachschneiden, dabei den längeren Streifen auf beiden Seiten und die anderen zwei Streifen nur an der Oberkante nachschneiden. Die drei so gefalteten Streifen an den Stoßkanten zusammennähen, und zwar so, dass sich ein „U“ ergibt. Das „U“ wenden, über die Außenkanten des Kissens schieben und festnähen. Die Kissenhülle ist ca. 40 cm x 40 cm groß, der Bezug für die Decke ca. 80 cm x 80 cm groß.

Selbermachen

Fläschchenhülle

Material

- *Fellstoff, 26 cm x 22 cm*
- *Baumwollstoff in Hellblau mit Bärenmuster, 26 cm x 29 cm*
- *Nähgarn in passender Farbe*

Die obere Kante des Baumwollstoffes 1,5 cm auf die Rückseite umschlagen und festbügeln. Die untere Kante bündig mit der Fellstoffkante links auf links auflegen, den übrigen Baumwollstoff auf die rechte Seite des Fellstoffes umklappen. Die zwei Stoffe an den Seitenkanten und der Unterkante an den Rändern mit Zickzackstich zusammennähen und gleichzeitig säubern. Jetzt das Stück mit der Fellseite nach innen mittig zusammenlegen und die Kanten verschließen. Die fertige Hülle auf die rechte Seite wenden.

Ohrenkissen

Material

- *Baumwollstoff in Hellblau mit Bärenmuster, 42 cm x 68 cm, 42 cm x 32 cm, 16 cm x 16 cm (2 x)*
- *Fellstoff, 16 cm x 16 cm (2 x)*
- *Nähgarn in passender Farbe*

Vorlage Seite 109

Vom Baumwollstoff ein 42 cm x 68 cm und ein 42 cm x 32 cm großes Rechteck zuschneiden. Die Ohrenteile von der Vorlage je zweimal auf den Fell- und auf den Baumwollstoff übertragen und ausschneiden. Alle Kanten mit Zickzackstich säubern. Die unteren Kanten der zwei Kissenteile ca. 1 cm breit säumen. Die Kissenteile rechts auf rechts an den Oberkanten auflegen, die übrige untere Kante 40 cm nach innen umschlagen. Die Kissenseiten schließen, dabei an den oberen Kissenecken längs und quer jeweils einen 14 cm langen Spalt. Die Ohrenteile rechts auf rechts legen, zusammennähen, in die offenen Ecken schieben (so, dass die Ohrrundungen in dem Moment nach innen zeigen) und festnähen. Dann die Kissenhülle wenden. Die Hülle ist für ein 40 cm x 40 cm großes Kissen gedacht.

Decke

Material

- *Fellstoff, 100 cm x 100 cm*
- *Baumwollstoff mit Bärenmuster, 109 cm x 109 cm*
- *Nähgarn in passender Farbe*

Den Fellstoff und den Baumwollstoff links auf links legen, wobei der Fellstoff genau in der Mitte des Baumwollstoffs liegen sollte, und zusammenheften. Die Kanten des Baumwollstoffs zuerst 1 cm umknicken und festbügeln. Dann die jeweils überstehenden, 8 cm breiten Ränder nach innen umschlagen, ebenfalls festbügeln und dann feststeppen. Die Decke ist später 100 cm x 100 cm groß.

Babyjäckchen
(Größe 62)

Material

- *meliertes Baumwollgarn in Rottönen, ca. 150 g*
- *5 Knöpfe in Herzform in Pink*
- *Stricknadeln Nr. 3*
- *Nadelspiel Nr. 3*
- *Stopfnadel*

Für das Rückenteil 63 Maschen aufnehmen, für den Bund 3,5 cm rechts, links stricken. Dann 20 cm glatt rechts stricken. Für den Halsausschnitt die mittleren 23 Maschen abketten. Auf jeder Seite in jeder zweiten Runde zwei Maschen zusammenstricken, bis auf jeder Nadel 18 Maschen übrig sind. Noch zwei Runden stricken, dann abketten.

Für das Vorderteil 26 Maschen anschlagen, Bund wie oben beschrieben arbeiten. Glatt rechts weiterstricken. Nach 16 cm für den Halsausschnitt in jeder zweiten Reihe einmal zwei Maschen, einmal drei Maschen und viermal eine Masche zusammenstricken (ergibt 18 Maschen). Noch zwei Reihen stricken, dann alle Maschen abketten. Das zweite Vorderteil gegengleich arbeiten.

Für die Knopfleiste des linken Vorderteils 51 Maschen aufnehmen und vier Reihen im Bundmuster stricken. Dann werden die Knopflöcher gearbeitet. Fünf Maschen stricken, dann zwei Maschen zusammenstricken, wieder acht Maschen stricken, dann zwei Maschen zusammenstricken. So weiterarbeiten, bis fünf Knopflöcher entstanden sind. In der nächsten Reihe die abgenommenen Maschen wieder anschlagen und drei

Reihen stricken, dann alle Maschen abketten. Die Knopfleiste des rechten Vorderteils genauso, aber ohne die Knopflöcher arbeiten.

Für einen Ärmel 40 Maschen aufnehmen und den Bund wie oben beschrieben stricken. Glatt rechts weiterstricken, dabei in jeder zweiten Reihe auf jeder Seite eine Masche aufnehmen, insgesamt ca. 20 cm stricken, bis 65 Maschen erreicht sind, dann alles abketten.

Zur Fertigstellung alle Teile rechts auf rechts zusammennähen.

Am Halsausschnitt ca. 88 Maschen aufnehmen und im Bundmuster 4 cm stricken, dann die Maschen abketten und den Bund zur Hälfte nach innen umnähen.

Die Knöpfe annähen und zum Schluss alle Fäden vernähen.

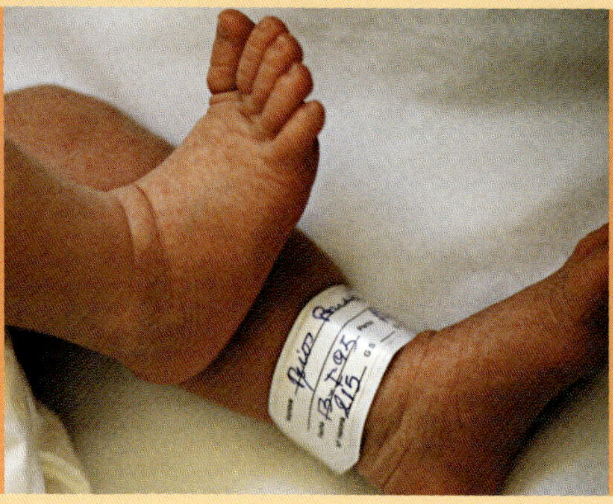

Die Geburt

Damit die Geburt Ihres Babys zu einem ganz besonderen und einzigartigen Erlebnis wird, sollten Sie sich schon früh überlegen, wo und wie Sie Ihr Kind auf die Welt bringen wollen, und sich ausführlich über die verschiedenen Möglichkeiten informieren. Freuen Sie sich darauf, bald Ihr Baby in den Armen halten zu dürfen, und denken Sie immer daran, dass zahlreiche Frauen vor Ihnen es auch geschafft haben!

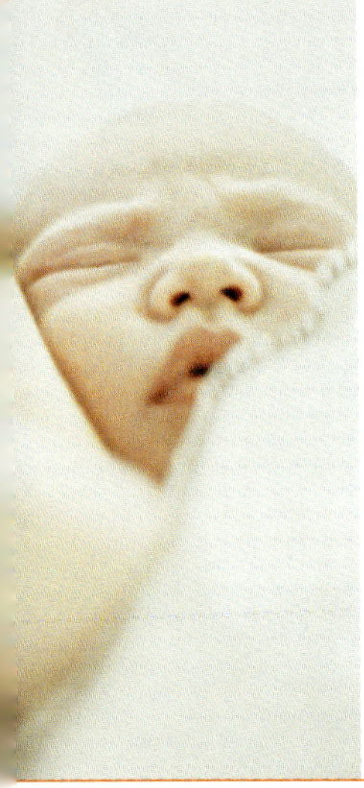

Klinik, Geburtshaus oder Hausgeburt

Wo und wie Ihr Kind das Licht der Welt erblicken soll, sind Fragen, mit denen Sie sich eingehend beschäftigen sollten. Informieren Sie sich deshalb frühzeitig über die verschiedenen Möglichkeiten und entscheiden Sie dann, was für Sie das Beste ist.

Tipps

Viele Kliniken veranstalten monatliche Informationsabende. Nehmen Sie diese Gelegenheit wahr und besichtigen Sie mehrere Kliniken in Ihrer näheren Umgebung. Bei beliebten Geburtskliniken müssen Sie sich unter Umständen schon monatelang vorher anmelden.

Mehr Informationen und Adressen von Geburtshäusern in Ihrer Nähe finden Sie im Internet.

Die Klinik

Die meisten Frauen entscheiden sich für eine Geburt in der Klinik. Die ärztliche Betreuung, zusätzlich zu der diensthabenden Hebamme, gibt ihnen hier ein Gefühl der Sicherheit. Fachpersonal ist rund um die Uhr da. Nach der Geburt können die Mamas und ihre Babys noch einige Tage unter ärztlicher Aufsicht verbringen.

Zwischen den einzelnen Kliniken gibt es große Unterschiede. Obwohl viele Krankenhäuser mittlerweile alternative Entbindungsmöglichkeiten anbieten, erinnern die räumlichen Ausstattungen eben häufig doch sehr an ein Krankenhaus. Wenn Sie wollen, dass Sie Ihr Baby auch nachts bei sich haben, dann legen Sie Wert darauf, dass in Ihrer ausgewählten Klinik „Rooming-In" angeboten wird. Für den Vater sollten großzügige Besuchsregeln gelten, damit er von Anfang an richtig mit eingebunden ist.

Das Geburtshaus

Wenn Sie besonderen Wert auf eine familiäre und entspannte Atmosphäre legen, ist ein Geburtshaus für Sie richtig. Hier ist Ihre Hebamme vom Anfang bis zum Ende der Geburt für Sie da. Kerzenschein, Aromaöle und Musik tragen zum entspannten Rahmen bei. Sie bestimmen den Ablauf der Geburt selbst. Alternative Entbindungsmethoden wie Gebärhocker oder Wasserbecken (falls vorhanden) sind selbstverständlich. Technische Hilfsmittel sind auch hier vorhanden. Wenn es Ihnen und Ihrem Baby nach der Geburt gut geht, können Sie das Geburtshaus schon nach kurzer Zeit verlassen. Ihre Hebamme betreut Sie dann zu Hause weiter.

Die Hausgeburt

Wenn Sie zu Hause entbinden möchten, müssen Sie sich frühzeitig eine Hebamme suchen, die Hausgeburten durchführt. Zu Hause ist alles noch persönlicher. Hier gilt aber: Während der Schwangerschaft dürfen keine Probleme aufgetreten sein, gute Gesundheit von Mutter und

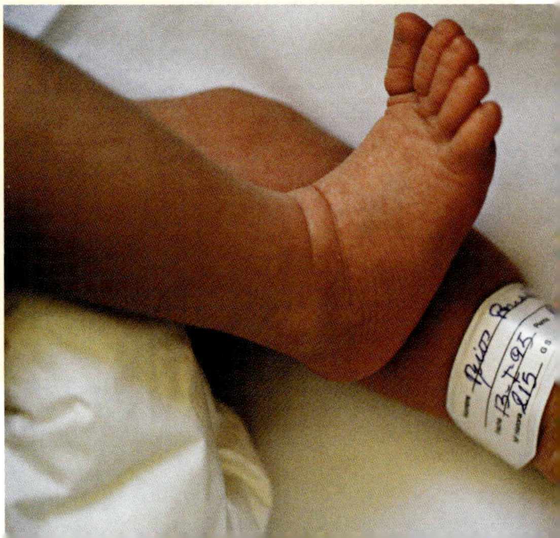

Ungeborenem sind eine Grundvoraussetzung. Sie sollten sich jedoch darüber im Klaren sein, dass bei manchen Geburten Komplikationen auftreten, die in einer Klinik schneller behandelt werden können. Viele Paare entschließen sich deshalb für eine ambulante Geburt. Dabei verzichten Sie nicht auf den Service einer Klinik, können aber, wenn Sie und Ihr Baby wohlauf sind, schon nach wenigen Stunden nach Hause.

Tipp

Ihr Frauenarzt hat bestimmt eine Liste mit Hebammen, die Hausgeburten durchführen.

Wie bringe ich mein Kind zur Welt?

Immer mehr Frauen schwören auf sanfte und natürliche Entbindungsmethoden. Je entspannter und ruhiger Sie sind, umso einfacher und schneller verläuft die Geburt. So wird die Geburt für Sie zu einem unvergesslich schönen Moment.

Tipp

Ganz egal, wie und wo Sie Ihr Baby zur Welt bringen und für welche Entbindungsmethode Sie sich entscheiden, wichtig ist, dass Sie nicht bei der ersten Wehe in Panik geraten und gut vorbereitet sind. Hören Sie auf Ihre innere Stimme, Sie werden instinktiv das Richtige machen!

Die sanfte Geburt

Die sanfte Geburt ist keine spezielle Entbindungsmethode, sondern eine besondere Art, wie Ihr Baby in der neuen Welt empfangen wird:

- Das Licht im Gebärzimmer ist gedämpft, der Raum ist wohl temperiert. Leise Musik ertönt zur Entspannung.
- Alle sprechen leise, Ihr neugeborenes Baby wird ganz sanft angefasst. So erschrickt Ihr Baby nicht.
- Sofort nach der Geburt bekommen Sie Ihr Baby auf den Bauch gelegt. Sie können es streicheln und liebkosen. Während der Kontrollen, die sofort beim Baby durchgeführt werden müssen, liegt es in Ihren Armen.
- Die Nabelschnur wird erst dann durchtrennt, wenn das Blut aufgehört hat zu pulsieren. So hat Ihr Kind Zeit, sich an seine eigene Atmung zu gewöhnen.
- Nachdem die Nabelschnur durchtrennt wurde, wird Ihr Baby für einige Minuten zur Entspannung in lauwarmes Wasser gelegt. Danach bekommen Sie es wieder in den Arm und es kann an Ihre Brust.
- Erst wenn alles vorbei ist, werden die Routineuntersuchungen bei Ihrem Baby gemacht.

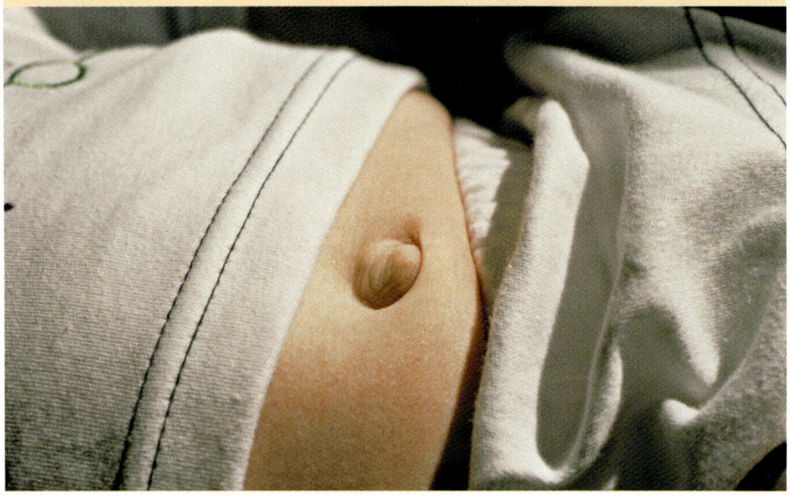

Wassergeburt oder Geburtshocker

Bei Interesse erkundigen Sie sich auch nach einer Wassergeburt bzw. nach einem Geburtshocker. Bei der Wassergeburt lindert warmes Wasser Ihre Schmerzen und wirkt wehenanregend. Auch für Ihr Kind ist diese Methode sehr schonend. Nachdem es neun Monate im Fruchtwasser verbracht hat, wird es in eine vertraute Umgebung hineingeboren. Mit dem Geburtshocker nehmen Sie bei der Geburt eine sitzende bzw. kniende Haltung ein. Die Geburt geht dabei in der Regel schneller voran, weil Ihr Kind durch seine Schwerkraft dabei mithilft.

Haben Sie Ihr Köfferchen gepackt?

Packen Sie unbedingt folgende Sachen ein, wenn es ins Krankenhaus geht:

Für Sie selbst:

- Nachthemden, vorne mit Knopfleiste
- Slips
- Still-BH
- Monatsbinden
- Stilleinlagen aus Wolle / Seide oder zum Wegwerfen
- Waschlappen / Handtücher
- Bademantel
- Jogging-Anzug
- Socken
- Hausschuhe
- Waschzeug (Zahnbürste, -creme, Waschlotion, Shampoo, Haarbürste, Föhn, ...)
- Kleidung für den Nachhauseweg (keine zu engen Sachen)

Papiere:

- Mutterpass
- Personalausweis
- Heiratsurkunde, bei unverheirateten Müttern Geburtsurkunde
- Karte Ihrer Krankenkasse

Für Babys erste Fahrt nach Hause:

(kann Ihr Partner bei der Entlassung mitbringen)

- Body
- Oberteil
- Strumpfhose
- Strampelhose
- Jäckchen und Mütze
- Babyschuhe
- Baby-Autositz (machen Sie sich vorher kundig, wie dieser festgeschnallt wird)

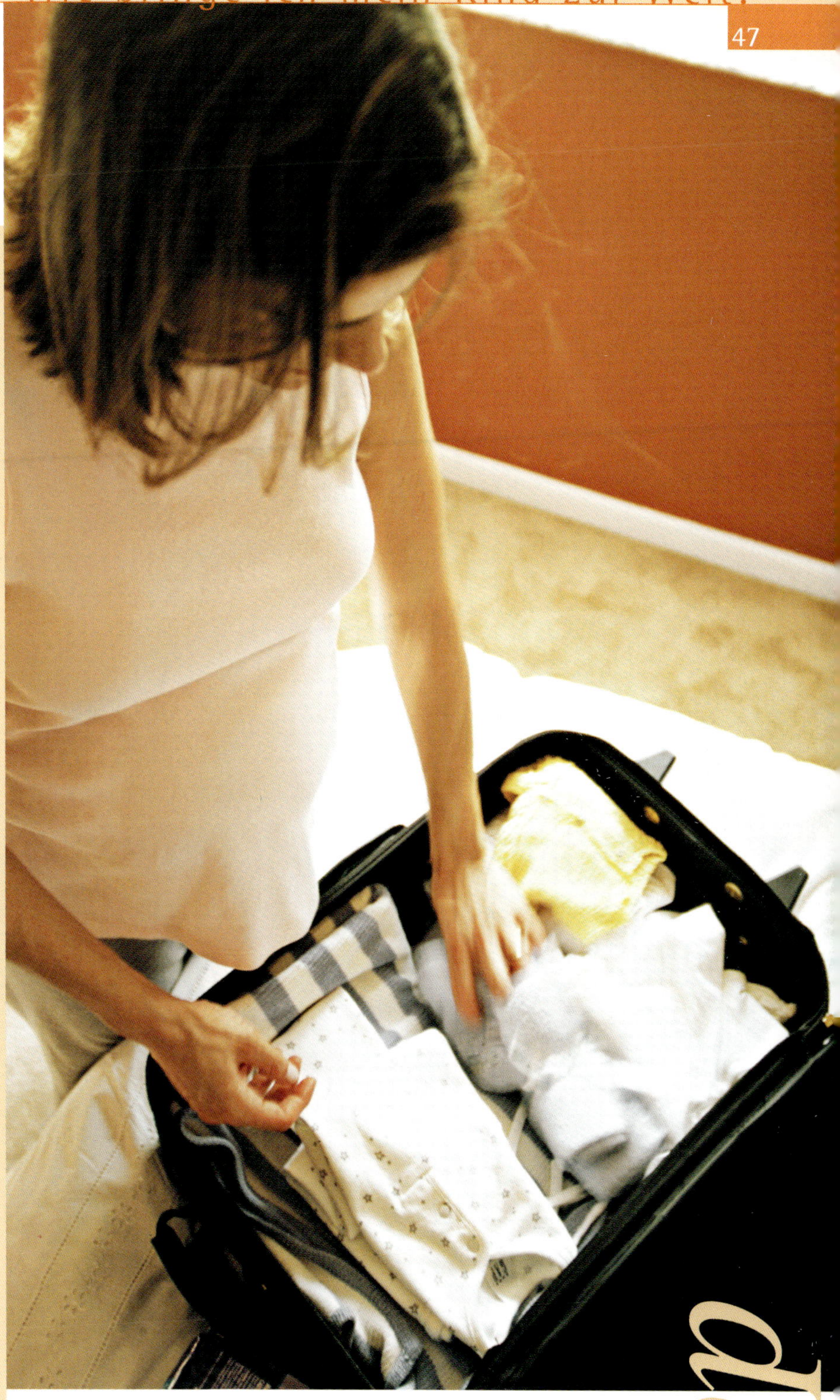

Wenn Sie Ihr erstes Kind bekommen, haben Sie vielleicht Angst, dass Sie nicht wissen werden, wann der richtige Zeitpunkt ist, um ins Krankenhaus zu fahren. Es gilt die Regel: Wenn Sie denken, es wäre so weit, dann gehen Sie.

LEON

Endlich da!

Neun lange Monate haben Sie auf Ihr Baby gewartet – und nun dürfen Sie es endlich in Ihren Armen halten. Sie können es kaum glauben. Stundenlang können Sie dem kleinen Wesen beim Schlafen zusehen, ohne dass Ihnen langweilig wird. Freuen Sie sich jetzt auf die ersten Tage, die Sie mit Ihrem Baby zu Hause verbringen dürfen.

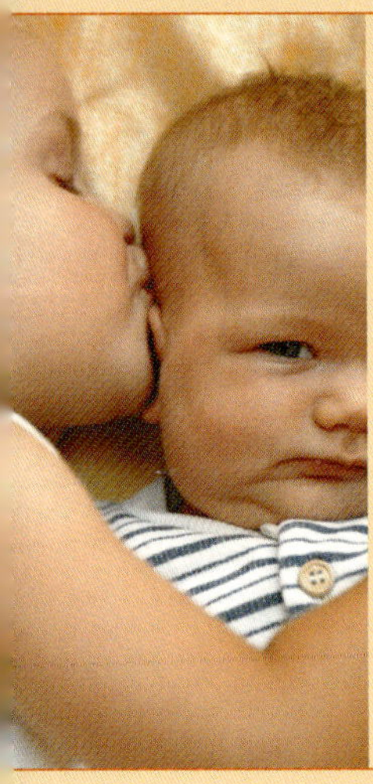

Hallo, Baby!

Endlich, endlich ist der Moment gekommen, in dem Sie Ihr Baby das erste Mal in den Armen halten dürfen. Diesen wunderschönen Augenblick werden Sie nie in Ihrem Leben vergessen. Freuen Sie sich jetzt auf die gemeinsame Zeit, die vor Ihnen liegt, auch wenn diese gerade am Anfang ein bisschen anstrengend wird.

Hallo!

Wenn bei der Geburt alles gut gegangen ist, sehen Sie Ihr Baby schon, wenn es noch an der Nabelschnur hängt. Sie sind erschöpft, aber auch unendlich glücklich. Fast alle Babys weinen zu Anfang ein wenig. Trösten Sie Ihr Kind mit Ihrer beruhigenden Stimme zum allerersten, aber bestimmt nicht letzten Mal.

Unser Baby

Nach der Geburt ist es sehr wichtig, möglichst viel Zeit mit Ihrem Baby zu verbringen. Fangen Sie am besten sofort mit dem Stillen an und bauen Sie so eine sehr intensive Beziehung zu Ihrem Baby auf. Körperkontakt wirkt bei Babys wahre Wunder. Geben Sie Ihrem Baby die Liebe und Zuwendung, die es braucht. Dabei werden Sie nicht müde, es immer wieder sanft und liebevoll zu betrachten und zu streicheln.

Baby-Blues

Besonders am dritten Tag nach der Geburt tritt bei vielen frischgebackenen Müttern ein Gefühl der Leere und Verzweiflung auf. Sie brechen plötzlich in Tränen aus, ohne eigentlich zu wissen, warum sie gerade jetzt weinen müssen. Das ist jedoch ein völlig natürlicher Vorgang. Sie sollten sich von Anfang an darauf einstellen und dem Ganzen keine allzu große Beachtung schenken. Sollte dieser Zustand bei Ihnen jedoch länger anhalten, sollten Sie professionelle Hilfe in Anspruch nehmen.

Endlich zu Hause

Nach den Tagen im Krankenhaus freuen Sie sich jetzt riesig auf zu Hause. Veranstalten Sie hier aber nicht sofort eine riesige Party, sondern gönnen Sie sich und Ihrem Baby noch ein paar Tage Ruhe und Zeit füreinander. Besuche von Ver-

Tipp

Falls Ihr Kind einen wesentlich längeren Namen trägt, können Sie die Buchstaben auch mit Klebefilmstreifen direkt unter der Wolke auf die Tür kleben.

wandten und Freunden sollten Sie deshalb genau planen und auch keine Scheu davor haben zu sagen, wenn Ihnen alles zu viel wird. Überfordern Sie sich nicht. Optimal ist es, wenn Sie jetzt jemanden haben, der Ihnen gerade am Anfang die tägliche Hausarbeit abnimmt, damit Sie sich ganz auf Ihr Baby konzentrieren können. Sicher bieten Ihnen Ihre Freunde oder Verwandten hier Hilfe an.

Wenn Sie jetzt ein paar Minuten Zeit haben, dann wäre es schön, wenn Sie für Ihr Kind ein Namensschild für die Tür basteln, damit jeder weiß, wo Ihr kleiner Liebling zu Hause ist.

Namensschild

Material

- *Tonkarton in Hautfarbe, Gelb, Blau, Rot, Hellgrün, Weiß und Schwarz, Reste*
- *Tonkartonbuchstaben in verschiedenen Farben*
- *Stifte in Schwarz und Rot*

Vorlage Seite 116

Dem kleinen Hasen von vorne die Nase, das Ohr und die Hose aufkleben. Von hinten das Schwänzchen und das Hinterbein ergänzen. Dann den Hasen auf die Wolke kleben und den zusammengesetzten Schnuller unter die Vorderpfote schieben. Den Namen aus vorgestanzten Tonkartonbuchstaben auf die Wolke kleben, alle schwarzen Innenlinien aufzeichnen, die rote Wange ergänzen und um das Namensschild herum Sterne aufkleben.

Stillen – die zarteste Versuchung

Muttermilch ist die beste Nahrung, die Sie Ihrem Baby geben können, denn damit bekommt Ihr Baby alles, was es für eine gesunde Entwicklung braucht. Stillen dient aber nicht nur der Nahrungsaufnahme, sondern verstärkt auch die enge Bindung zwischen Mutter und Kind. Selten sind Sie sich so nahe!

Alles drin

Wenn Sie stillen können, sollten Sie Ihr Baby mindestens vier bis sechs Monate stillen, da sind sich die Fachleute heute einig. In der Muttermilch sind alle wertvollen Nähr- und Wirkstoffe enthalten, die Ihr Baby für eine gesunde Entwicklung braucht. Zusätzlich schützen die Abwehrstoffe in der Muttermilch Ihr Kind vor Infektionen. Besonders viel Abwehrstoffe sind in der so genannten Vormilch (Kolostrum) enthalten, die in den ersten Tagen nach der Geburt gebildet wird. Versuchen Sie deshalb, Ihr Baby von Anfang an zu stillen.

Schutz vor Allergien

Allergien nehmen in Industrieländern immer mehr zu. Muttermilch kann den Ausbruch vieler allergischer Krankheiten verzögern oder abschwächen. Ist Ihre Familie mit Allergien belastet? Dann sollten Sie versuchen, Ihr Baby im ersten Jahr ausschließlich zu stillen.

Angebot und Nachfrage

Viele Frauen glauben, im Laufe der Stillzeit zu wenig Milch für Ihr Baby zu produzieren. Sie fangen dann früher als es eigentlich notwendig wäre damit an, Beikost zuzufüttern. Ihre Milchmenge passt sich aber während der Stillzeit laufend dem Bedarf Ihres Babys an. Durch häufiges Anlegen an beide Brüste steigern Sie Ihre Milchmenge. Wenn Ihr Baby wächst, braucht es mehr Nahrung. Sie müssen es dann häufiger stillen, aber schon nach zwei, drei Tagen haben Sie und Ihr Baby sich wieder aufeinander eingespielt.

Liebe pur

Beim Stillen sind Sie Ihrem Baby sehr nahe. Durch den engen Körperkontakt zeigen Sie Ihrem Baby Ihre Liebe auf ganz besondere Art und Weise. Ihr Baby fühlt sich wohl und geborgen. Deshalb sollten Sie beide diese Zeit ganz intensiv genießen. Ein weiterer, positiver Nebeneffekt: Beim Stillen wird ein Hormon freigesetzt, das die Rückbildung der Gebärmutter beschleunigt. Stillende Mütter erreichen deshalb im Schnitt ihr altes Körpergewicht schneller wieder als nichtstillende Mütter.

Zeit und Ruhe

Nehmen Sie sich Zeit und Ruhe zum Stillen. Am besten richten Sie sich einen behaglichen Ort in Ihrer Wohnung als Stillecke her. Sie sollten beim Stillen immer bequem sitzen, damit Sie keine Verspannungen bekommen. Stillkissen und Fußschemel sind hierbei gute Hilfsmittel. Achten Sie auf eine gedämpfte Beleuchtung. Nachts ist es sehr bequem, Ihr Kind einfach im Bett im Liegen zu stillen.

Ernährung

Genau wie die Schwangerschaft ist auch die Stillzeit eine Zeit, in der Sie sehr auf Ihre Ernährung achten sollten. Während der Stillzeit braucht Ihr Körper täglich ungefähr 500 Kalorien mehr. Essen Sie viel frisches Obst, Gemüse und vollwertige Nahrungsmittel. Es kann sein, dass Ihr Baby manche Nahrungsmittel, die Sie essen, nicht gut verträgt und davon Blähungen bekommt. Das bekommen Sie in der Regel aber schnell heraus. Verzichten Sie während der Stillzeit dann auf diese Nahrungsmittel. Vergessen Sie nicht, viel zu trinken, z. B. Wasser, verdünnte Säfte und Tee. Stellen Sie am besten bei jedem Stillen ein Glas Wasser neben sich.

Geschwisterliebe – Geschwisterhiebe

Nicht selten kommt es vor, dass ältere Geschwister auf den Neuankömmling in der Familie eifersüchtig reagieren. Bereiten Sie Ihr Erstgeborenes schon während Ihrer Schwangerschaft auf die veränderte Situation vor. Hier ein paar wertvolle Tipps.

Warum ist Mamas Bauch so dick?

Lassen Sie Ihr Kind Ihren Bauch streicheln, besonders in den Momenten, in denen sich Ihr Baby im Bauch bewegt. Erklären Sie Ihrem Kind, dass da ein kleiner, neuer Mensch heranwächst, nämlich sein Geschwisterchen. Reden Sie zusammen mit dem Ungeborenen und machen Sie gemeinsam Pläne, was Sie alles zusammen unternehmen werden.

Wie soll das Geschwisterchen heißen?

Gar nicht so einfach, den passenden Namen zu finden. Nehmen Sie die Vorschläge von Ihrem Kind ernst und lassen Sie es bei der Auswahl des Namens mitentscheiden.

Der erste Besuch

Wenn Sie die ersten Tage nach der Geburt noch im Krankenhaus verbringen, sollte Ihr Kind Sie so früh wie möglich besuchen kommen, damit es das Geschwisterchen begrüßen kann.

Zu Hause

Wenn Sie mit dem Neugeborenen dann endlich nach Hause kommen, bringen Sie Ihrem Kind ein Geschenk mit und erklären ihm, dass dieses von dem neuen Geschwisterchen ist. Suchen Sie am besten etwas aus, das sich Ihr Kind schon lange

wünscht. Dann nehmen Sie sich Zeit, Ihr Erstgeborenes richtig zu begrüßen, und lassen sich von ihm alles erzählen, was es in den letzten Tagen erlebt hat. Bestimmt sah auch sein Tag ganz anders aus, weil es plötzlich viel mehr Zeit als sonst mit dem Papa oder den Großeltern verbracht hat. Wenn Ihnen Ihr Kind bei der Babypflege helfen möchte, dann lassen Sie das ruhig zu.

Alte Gewohnheiten

Verbringen Sie jetzt besonders viel Zeit mit Ihrem Erstgeborenen, und zwar ohne das Baby. Alte Gewohnheiten sind jetzt besonders wichtig und sollten nicht vernachlässigt werden. Wenn zum Einschlafritual z. B. immer eine Gute-Nacht-Geschichte gehört, dann lesen Sie diese auch jetzt jeden Abend vor. Wenn Verwandte oder Freunde zu Besuch kommen, dann bitten Sie diese darum, auch dem älteren Kind Aufmerksamkeit zu schenken und nicht nur das Baby zu bewundern.

Fit für den Alltag

Schwere Beine, Kurzatmigkeit und Schwierigkeiten beim Bücken, an diese Übel der letzten Schwangerschaftswochen werden Sie sich bestimmt noch gut erinnern. Zum Glück sind die meisten Probleme nach der Entbindung wie weggeblasen. Um aber wieder richtig fit zu werden, müssen Sie ein wenig nachhelfen und konsequent Gymnastik machen.

Tipp

Nehmen Sie Ihren Körper so an, wie er ist. Übertreiben Sie es mit der Rückbildungsgymnastik nicht. Wenn Sie nicht sofort wieder Ihre alte Konfektionsgröße tragen können, ist das kein Beinbruch. In früheren Zeiten wurden die Kleider sowieso maßgeschneidert, Konfektionsgrößen sind eine eher neuere Erfindung. Und was ist schon dabei, wenn Sie zukünftig eine Nummer größer tragen? Haben Sie also bitte Geduld mit sich!

Beckenbodenmuskulatur

Die Beckenbodenmuskulatur hat eine zentrale Aufgabe, sie trägt innere Organe wie Blase, Gebärmutter und Darm. Während der Geburt wird die Beckenbodenmuskulatur stark gedehnt, deshalb sollte es nach der Geburt Ihr oberstes Ziel sein, diese Muskulatur wieder zu stärken. Beginnen Sie schon kurz nach der Geburt mit diesen Übungen, denn erst wenn die Beckenbodenmuskulatur ausreichend gestärkt ist, kommt die Bauchmuskulatur an die Reihe.

Übung

- *Spannen Sie die Beckenbodenmuskeln an, d. h. ziehen Sie die Scheiden- und Gesäßmuskulatur fest zusammen. Der Beckenboden hebt sich leicht an. Halten Sie diese Spannung einige Sekunden und versuchen Sie, dabei gleichmäßig weiterzuatmen. Beginnen Sie mit zehn Wiederholungen täglich und steigern Sie sich nach und nach auf 25. Machen Sie diese Übung über einige Monate hinweg. Wie praktisch, dass Sie sie überall unauffällig im Sitzen, Liegen und Stehen durchführen können!*

Bauchmuskulatur

Nach der Geburt ist Ihr Bauch noch etwas dicker und unförmiger als vor der Schwangerschaft. Beginnen Sie deshalb sechs Wochen nach der Geburt mit gezieltem Bauchmuskeltraining, um sich wieder in Form bringen.

Übungen

- *Legen Sie sich auf den Rücken und stellen Sie Ihre Beine hüftbreit angewinkelt auf. Ihre Arme legen Sie neben Ihren Körper auf den Boden. Heben Sie nun Ihren Oberkörper langsam vom Boden ab. Ihren Blick richten Sie dabei zur Decke. Gehen Sie langsam wieder zurück, legen Sie Ihren Oberkörper aber nicht ganz ab. Wiederholen Sie die Übung zehnmal. Beim*

Hochgehen atmen Sie aus, beim Zurücklegen ein. Für die Kräftigung der schrägen Bauchmuskeln führen Sie Ihre Arme mal am linken Knie, mal am rechten Knie vorbei, legen aber auch hier Ihren Oberkörper nie ganz ab.

- *Heben Sie den Oberkörper und die Beine langsam aus der Rückenlage hoch. Stützen Sie sich dabei möglichst nicht ab. Machen Sie jetzt mit Ihren Beinen eine Fahrradbewegung. Versuchen Sie, dabei gleichmäßig zu atmen.*
- *Zur Kräftigung der unteren Bauchmuskeln legen Sie sich auf den Rücken und strecken Ihre Beine gerade Richtung Decke nach oben. Ihre Zehenspitzen zeigen Richtung Nasenspitze. Heben Sie nun ganz leicht Ihr Gesäß an, es reichen wenige Zentimeter.*

Brust

Während des Stillens beginnt für Ihren Busen eine harte Zeit. Durch die vergrößerte Brust wird das Bindegewebe stark gedehnt und hat Mühe, Ihren Busen in Form zu halten. Neben der täglichen Pflege sind Kräftigungsübungen für Ihre Brust sehr wichtig, damit sie nach dem Abstillen wieder fest und verführerisch aussieht.

Übung

- *Setzen oder stellen Sie sich mit geradem Rücken hin. Pressen Sie auf Brusthöhe Ihre Handflächen so fest es geht gegenaneinander. Die Ellenbogen zeigen dabei nach außen. Zählen Sie nun bis fünf und entspannen Sie dann. Diese Übung wiederholen Sie mehrmals am Tag. Achten Sie immer auf eine gerade Haltung, auch das festigt Ihren Busen.*

Verwöhnen Sie sich

Nehmen Sie sich auch mal Zeit nur für sich, ohne Ihr Baby, und verwöhnen Sie sich z. B. mit einem wohltuenden Bad. Ein Badewasser mit duftenden, ätherischen Ölen wirkt wahre Wunder. Lesen Sie ein schönes Buch und machen Sie das, wozu Sie gerade Lust haben. Wenn Sie mit sich selbst zufrieden sind, wirkt sich das auch positiv auf Ihr Baby aus. Ihr Baby spürt nämlich ganz genau, ob Sie sich wohl fühlen oder nicht, und das schon von Anfang an!

tipp

Weil es in der Gruppe mehr Spaß macht als alleine, sollten Sie sich in Ihrer Klinik, bei Ihrer Hebamme oder bei öffentlichen Einrichtungen nach Rückbildungsgymnastik-Kursen erkundigen. Fragen Sie bei Ihrer Krankenkasse nach, ob diese die Kosten für den Kurs übernimmt.

duck

Zart wie ein Babypopo

Sie ist zart, weich, rosig und duftet herrlich, die Haut Ihres Babys – einfach zum Verlieben! Damit das auch so bleibt, ist baden und pflegen angesagt. Babypflege macht Spaß und ist für die Gesundheit der zarten Babyhaut sehr wichtig. Wie schön, dass man dabei auch noch ein bisschen schmusen kann!

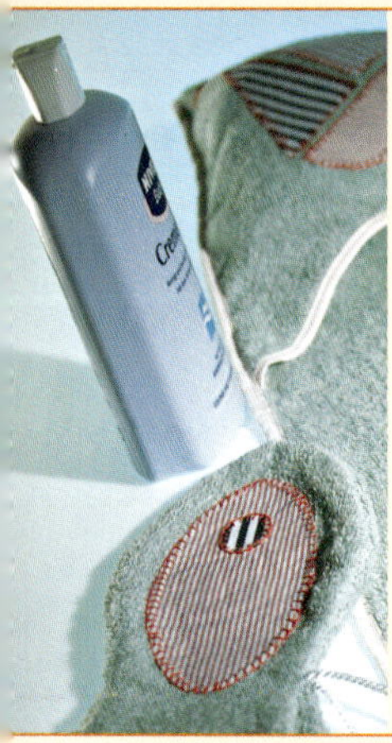

Streichelzarte Pflege

Wahrscheinlich können Sie kaum die Finger von Ihrem Baby lassen, so weich und zart fühlt sich seine Haut an. Genießen Sie gemeinsam mit Ihrem Baby den Badespaß und die Hautpflege!

Kleine Wasserratte

Die meisten Babys fühlen sich im Wasser pudelwohl. Zusammen mit Mama oder Papa macht das Badevergnügen ganz besonders viel Spaß, nehmen Sie Ihren Liebling deshalb einfach mit in die Wanne. Aber auch in der eigenen Baby-Badewanne lässt sich herrlich plantschen.
Wann Sie Ihr Baby baden, ob morgens, mittags oder abends, ist eigentlich egal. Sie sollten nur eine gewisse Regelmäßigkeit bei den Zeiten einhalten, denn Babys lieben Rituale. Achten Sie auf einen wohl temperierten Raum mit mindestens 22 °C bis 24 °C Lufttemperatur. Das Badewasser sollte genau 37 °C warm sein.
Übrigens: Sie müssen Ihr Baby nicht täglich baden. Ein- bis zweimal in der Woche reicht vollkommen aus, denn Babys machen sich, bis auf den Windelbereich, noch nicht schmutzig. Waschen Sie Ihr Baby aber jeden Tag gründlich mit einem feuchten Waschlappen.

Sicher baden

Lassen Sie Ihr Baby immer mit den Füßen voran ins warme Wasser gleiten. Halten Sie es so, dass es mit dem Köpfchen sicher auf Ihrem Unterarm liegt und nicht wegrutschen kann. So haben Sie eine Hand zum Waschen frei. Das Gesichtchen und die Ohren dürfen nicht untergetaucht werden. Zu Anfang reicht ein fünfminütiges Bad, ältere Kinder können länger baden, denn sie plantschen gerne ein bisschen mit lustigen Spiel-

sachen. Lassen Sie Ihr Kind aber nie unbeaufsichtigt baden!

Hautpflege

Nach dem Baden trocknen Sie Ihr Baby immer gründlich ab. Rubbeln Sie dabei nicht zu stark, sondern tupfen Sie Ihr Baby eher trocken. Vergessen Sie nicht die Hautfalten in den Leistenbeugen, die Kniekehlen, den Hals, die Achselhöhlen und die Haut zwischen den Fingern und Zehen. Am besten pflegen Sie die zarte Babyhaut nach dem Baden und manchmal auch zwischendurch mit einem Baby-Öl. Babys neigen nämlich häufig zu trockener Haut, da wirkt ein pflegendes Öl oft Wunder. Viele Babys lieben auch Massagen. Mit langsamem und liebevollem Einölen zeigen Sie Ihrem Baby Ihre Liebe und Zuneigung.

Augen, Nase, Ohren

Angetrocknete Absonderungen an den Lidrändern können Sie mit einem feuchten Tuch sanft wegwischen. Wichtig ist dabei, dass Sie immer von außen nach innen wischen. Bei Nase und Ohren säubern Sie nur ganz vorsichtig die sichtbaren Teile. Benutzen Sie dazu aber keine starren Wattestäbchen, sondern einen feuchten Wattebausch oder Waschlappen.

Finger- und Fußnägel

In den ersten vier Wochen sind die Nägel noch sehr empfindlich und sollten deshalb nicht geschnitten werden. Wenn die Nägel dann fester werden, sollten Sie sie vorsichtig mit einer Babynagelschere schneiden, damit sich Ihr Liebling keine blutige Nase kratzt. Falls Ihr Baby das Nägelschneiden nicht besonders mag und dabei wild herumzappelt, schneiden Sie die Nägel einfach dann, wenn es tief und fest schläft.

Haare

Das Bürsten mit einer weichen Babybürste gleicht einer Massage und tut Ihrem Baby gut, auch dann, wenn es kaum Haare auf dem Kopf hat. Wenn Ihr Baby schon mehr Haare hat, können Sie die Haare mit einem milden Baby-Haarshampoo pflegen, das nicht in den Augen brennt.

Rosiger Babypopo

Gerade Babys Popo ist besonders empfindlich. Damit die Haut hier schön zart und rosig bleibt, sollten Sie die Windeln häufig wechseln, am besten sofort nach dem Stuhlgang. Reinigen Sie den Po vorsichtig mit lauwarmem Wasser und tragen Sie ggf. dünn Zinksalbe auf die Haut auf. Am besten ist es, wenn Sie viel Luft an den Po lassen. Lassen Sie Ihr Kind deshalb ruhig mal eine Weile ohne Windeln strampeln.

Checkliste fürs Babybad

Das sollten Sie vor dem Babybad bereitlegen:

- Badeöl oder Badezusatz, speziell für Babys
- Waschlappen
- Badehandtuch mit Kopfteil
- frische Wäsche / Windel
- Bürste
- Babynagelschere
- Babyöl oder Babylotion

Bade- und Wickelspaß

Mit liebevoll gestalteten Accessoires macht die Babypflege ganz besonders viel Spaß. Nähen Sie ein niedliches Badetuch mit Kapuze, in das Sie Ihren kleinen Liebling nach dem Baden hüllen können, und verschönern Sie die Wickelkommode mit einer hübsch in der Serviettentechnik gestalteten Utensilienkiste.

Badetuch mit Kapuze

Material

- *Frotteestoff in Seegrün, 80 cm x 80 cm (für das Tuch) und 40 cm x 40 cm (für die Kapuze)*
- *Baumwollstoff in Rot-Weiß, Weiß-Rot und Blau-Weiß gestreift, Reste*
- *Sticktwist in Rot*
- *vorgefalztes Schrägband in Rosa, ca. 4 m lang*
- *Nähgarn in passender Farbe*
- *Vliesofix®*

Vorlage Seite 114

Vom Frotteestoff ein 80 cm x 80 cm großes Quadrat und für die Kapuze ein gleichschenkliges Dreieck mit 40 cm Schenkellänge zuschneiden. Die Ecken des Quadrats ganz leicht mit der Schere abrunden und alle Schnittränder mit dichten Zickzackstichen versäubern. Dann die vier Schiffsteile von der Vorlage auf die Papierseite des Vliesofixes® übertragen und grob ausschneiden. Die Vliesofix®-Stücke mit der Klebeseite nach unten auf die Rückseite der entsprechenden Stoffe auflegen und die Teile entlang der Konturen ausschneiden. Die Papierschutzschicht vom Vliesofix® abziehen, die Schiffsteile auf das Dreieck aufbügeln und im Langettenstich mit dem roten Sticktwist umsticken. Dann wird das Badetuch mit dem Schrägband umsäumt, und zwar zuerst die lange Grundseite des Dreiecks. Dafür das Schrägband an der vorgefalzten Kante öffnen, um die Stoffkante legen und feststeppen. Dann die Kapuze in einer Ecke des Tuchs aufnähen und zum Schluss die kompletten Kanten des Badetuchs mit dem Schrägband verzieren. Das Badetuch ist ca. 80 cm x 80 cm groß.

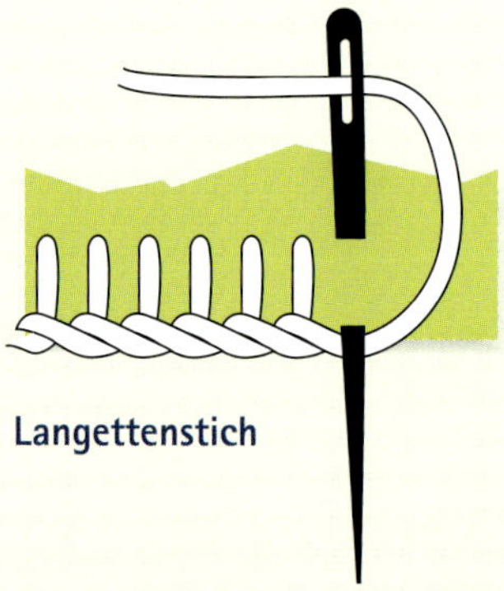

Langettenstich

Fisch-Waschläppchen

Material

- *Frotteestoff in Seegrün, 40 cm x 40 cm*
- *Baumwollstoff in Rot-Weiß und Blau-Weiß gestreift, Reste*

- *Sticktwist in Rot*
- *Kordel in Weiß, ø 3 mm, 10 cm lang*
- *Nähgarn in passender Farbe*
- *Vliesofix®*

Vorlage Seite 114

Die vier Waschlappenteile (2 x Körper, 2 x Flossenteile) von der Vorlage auf den Frotteestoff übertragen und diese mit Nahtzugabe ausschneiden. Alle Kanten mit Zickzackstichen versäubern. Das separate Flossenteil jeweils rechts auf rechts auf die Schwanzflosse des Körperteils auflegen und festnähen. Beide so präparierten Fischteile rechts auf rechts legen und den Fisch am Körper zusammennähen. An der Schwanzflosse bleibt der Fisch offen, damit man dort mit der Hand hineinschlüpfen kann. Den Fisch umkrempeln und die Applikation wie beim Badetuch beschrieben aufbringen. Zum Schluss die Kordel annähen.

Wärmflaschenbezug

Material

- *Frotteestoff in Seegrün, ca. 50 cm x 40 cm*
- *Baumwollstoff in Blau-Weiß und Rot-Weiß gestreift, Reste*
- *Sticktwist in Rot*
- *vorgefalztes Schrägband in Rosa, ca. 50 cm lang*
- *Kordel in Weiß, ø 3 mm, 1 m lang*
- *Vliesofix®*
- *Nähgarn in passender Farbe*

Vorlage Seite 114

Alle Kanten des Frotteestoffstücks mit Zickzackstichen versäubern. Die obere Kante 2 cm umschlagen und festnähen. Für den Kordeltunnel den Knick im Schrägband flach bügeln und das Band ca. 6 cm unterhalb der Oberkante mit zwei Nähten auf die rechte Seite des Stoffs aufnähen. Dabei so viel Platz zwischen den Nähten lassen, dass hinterher noch bequem die Kordel durchgezogen werden kann. Das Frotteestoffstück dann rechts auf rechts in der Mitte zusammenlegen, die beiden unteren Ecken abrunden und das Ganze zu einem Beutel zusammennähen. Dabei darauf achten, dass an der Stelle, an der später die Kordel durch den Tunnelzug geführt wird, das Schrägband nicht geschlossen wird. Den Beutel auf die rechte Seite umkrempeln. Das Täschchen und den Fisch aus den gestreiften Stoffen wie bei dem Badetuch beschrieben mit Vliesofix® versehen. Das Täschchen dann allerdings nur an den Seiten und der unteren Kante an den Rändern aufbügeln und umsticken. Die Oberkante des Täschchens wird nur dekorativ mit dem Langettenstich umnäht. Den Fisch an ein kurzes Stück Kordel nähen und dieses in der Taschenecke festnähen. Die restliche Kordel in den Tunnelzug einfädeln. Der Wärmflaschenbezug ist ca. 23 cm x 36 cm groß.

Dekorativer Walfisch

Material

- *Frotteestoff in Seegrün, 50 cm x 50 cm*
- *Baumwollstoff in Blau-Weiß und Rot-Weiß gestreift, Reste*
- *Füllwatte*
- *2 Perlen in Dunkelblau, ø 7 mm*
- *Nähgarn in passender Farbe*

Vorlage Seite 118/119

Alle Walteile auf die angegebenen Stoffe übertragen und mit Nahtzugabe ausschneiden. Dabei benötigt man aus dem Frotteestoff das Rückenteil (1 x), die Seitenteile (2 x, davon 1 x gespiegelt), die Schwanzflossenteile (2 x) und jeweils das linke und rechte Seitenflossenteil (je 1 x). Aus dem blau-weiß gestreiften Baumwollstoff wird jeweils das linke und rechte Seitenflossenteil (je 1 x) ausgeschnitten und das untere Bauchteil (1 x). Aus dem rot-weißen Baumwollstoff wird das Mundteil (1 x) ausgeschnitten. Dann alle Kanten mit Zickzackstichen säubern.

Das Rückenteil und beide Seitenteile bis zu den Flossen-Markierungen zusammennähen. Für die Seitenflossen jeweils eine Frotteestoff- und eine Baumwollstoff-Flosse rechts auf rechts zusammennähen, wenden und mit ein wenig Füllwatte ausstopfen. Die Flossen an beiden Seite in die markierte Spalte schieben und von innen festnähen. Das Mundteil zwischen den Flossen, dem Rückenteil und den zwei Seitenteilen einnähen. Dann die zwei Seitenteile bis zur Markierung für das untere Bauchteil schließen. Die Schwanzflossenteile rechts auf rechts legen und zusammennähen. Die eine Unterkante der Flosse an das Rückenteil, die andere an die zwei Seitenteile annähen. Das Bauchteil an die Seitenteile nähen, dabei einen ca. 10 cm langen Spalt offen lassen. Den Wal durch den Spalt auf die rechte Seite wenden und vollständig mit Füllwatte ausstopfen. Den Spalt mit der Hand zunähen. Dann die zwei Perlen als Augen aufnähen.

Hinweis

Wenn der Walfisch nicht nur als Dekoration dienen soll, sondern Sie Ihr Kind auch damit spielen lassen wollen, dann dürfen Sie für die Augen keine Perlen nehmen, sondern müssen diese aufsticken!

Tipp

Dieser Wäschebeutel ist sehr praktisch, wenn Sie Babykleidung zum Wechseln mitnehmen wollen. Auch Schmutzwäsche findet hier ein Plätzchen.

Hasen-Wäschebeutel

Material

- *Nickistoff in Weiß, 140 cm x 30 cm*
- *Baumwollstoff in Pastellfarben, 140 cm x 40 cm*
- *Füllwatte*
- *Vliesofix®*
- *Nähgarn in passender Farbe*

Vorlage Seite 117

Alle Beutelteile wie angegeben auf die Stoffe übertragen und mit Nahtzugabe ausschneiden. Dabei braucht man aus Nickistoff das Mittelteil des Hasenkopfs (1 x), die Seitenteile des Hasenkopfs (2 x, davon 1 x gespiegelt), die Hasenohren (2 x) und die Hasenpfoten (8 x). Aus dem Baumwollstoff wird Folgendes ausgeschnitten: die Hasenohren (2 x), die Hasenaugen (2 x), die Hasennase (1 x), das Vorderteil (1 x) und das Rückenteil (2 x, dabei muss die Vorlage einmal gespiegelt werden).
Die Augen und die Nase wie bei dem

Badetuch mit Kapuze (siehe Seite 62) beschrieben mithilfe des Vliesofixes® auf die entsprechenden Stellen der Kopfteile applizieren und die Kanten jeweils mit einem passenden Faden mit dichten Zickzackstichen umnähen.

Für die Ohren jeweils ein Nickistoffteil und ein Baumwollstoffteil rechts auf rechts aufeinander legen und zusammennähen. Dabei die Ohren unten offen lassen, damit sie umgekrempelt werden können. Die Kopfteile zusammennähen, dabei an den markierten Stellen die Nähte offen lassen, damit die Ohren und der Halsansatz eingefügt werden können. Die Ohren annähen. An das Vorderteil vier Pfotenteile nähen (zwei für die Vorder- und zwei für die Hinterpfoten), an jedes Rückenteil zwei (eines für die Vorder- und eines für die Hinterpfote). Jeweils die Mittelkante der beiden Rückenteile 1 cm breit nach innen umschlagen und festnähen. Die beiden Rückenteile mit 4 cm Überschneidung aufeinander legen und oben und unten eine jeweils 8 cm lange Naht machen, sodass ein Spalt offen bleibt, in den man später hineingreifen kann. Das Vorder- und das Rückenteil rechts auf rechts bündig aufeinander legen und zusammennähen. Dabei auch den Kopf einfügen. Den Hasen wenden und den Kopf und die Pfoten mit etwas Füllwatte ausstopfen.

Utensilienkiste für den Wickeltisch

Material

- *Holzkiste in beliebiger Größe*
- *Servietten mit kindgerechten Motiven*
- *Serviettenkleber*
- *Pinsel*

Von der Serviette die oberste, bedruckte Schicht abziehen und diese mit Serviettenkleber auf der Holzkiste aufbringen. Dabei bitte an die Hinweise des jeweiligen Herstellers halten, weil die Serviettentechnik je nach verwendetem Produkt etwas unterschiedlich funktioniert.

Tipp

In dieser praktischen Utensilienkiste haben Sie alles immer gleich griffbereit. Außerdem sieht der Wickelplatz schön aufgeräumt aus.

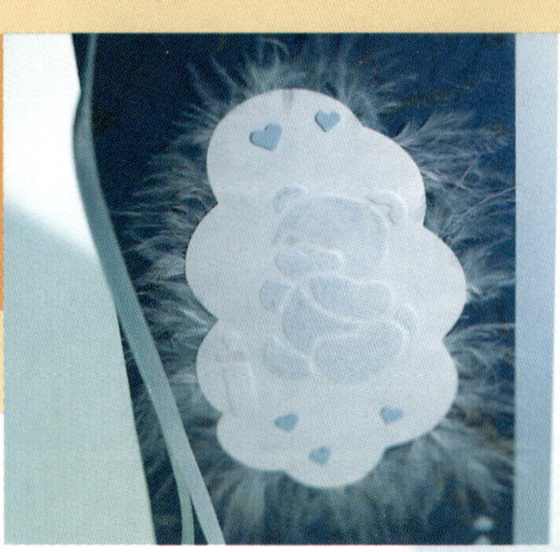

Unser

Hallo, hier bin ich!

Sie freuen sich natürlich riesig über die Geburt Ihres Kindes und wollen das der ganzen Welt mitteilen. Geben Sie deshalb in der Zeitung eine Geburtsanzeige auf und informieren Sie Freunde und Verwandte mit liebevoll gestalteten Karten über die Ankunft Ihres Lieblings. Auf den folgenden Seiten finden Sie Textvorschläge und hübsche Karten zum Selbermachen. Vergessen Sie nicht, auch das Standesamt über die Geburt Ihres Babys zu informieren.

Geburtsanzeige

Mittlerweile hat sich die kleine Familie schon besser kennen gelernt und gut zu Hause eingelebt. Jetzt ist es an der Zeit, lieben Freunden und Bekannten eine nett gestaltete Geburtskarte Ihres Lieblings zu schicken und das freudige Ereignis auch in der Zeitung bekannt zu geben. Hier finden Sie Textvorschläge für Ihre Geburtsanzeige und Ihre Karten.

Mein erster Tag ...

Hallo, ich bin Lisa.
Hier auf diesem Bild bin ich gerade mal 8 Stunden alt. Und ich kann euch sagen, das war der anstrengendste Tag meines bisherigen Lebens.

Wir geben bekannt:

Unser Liebling heißt Max
Geboren wurde er am 23. August 2001 um 2:34 Uhr
Gewicht: 3200 g
Länge: 54 cm

Ihre Füße so klein, sind Babys nicht jedes Mal ein kleines Wunder?

Yannick ist gesund und munter – und wir sind es auch und grüßen euch alle ganz herzlich!

Unsere Fußballmannschaft hat ein Nachwuchsproblem weniger!

Wir freuen uns über die Geburt von Jonas am 15. September 2002

Unser Küken ist geschlüpft!

Wir freuen uns über die Geburt von Maren Regine und Klaus

Für viele nur ein Baby,
für uns die ganze Welt!

Mein kleiner Bruder ist angekommen, doch vorerst bin ich noch der Boss!

Storch, Storch, du Guter,
bring mir einen Bruder
Storch, Storch, du Bester,
bring mir eine Schwester!

(alter Kinderreim)

Unser Glück ist perfekt!

Unser Glückspilz heißt Jana

Unser Weltenbürger ist da!

Er heißt Eric und hat am 22.2.2002 das Licht der Welt erblickt.

Ein Kind

macht das Haus glücklicher,
die Liebe stärker,
die Geduld größer,
die Hände ruhiger,
die Nächte länger,
die Tage kürzer und die Zukunft heller!

Wann, was, wo?

Informieren Sie jetzt auch die notwendigen Behörden und Ämter über die Geburt Ihres Lieblings, um alle rechtlichen und finanziellen Leistungen zu erhalten, die Ihnen zustehen.

Tipp

Besorgen Sie sich die Anträge für Kindergeld, Erziehungsgeld usw. am besten schon vor der Geburt. Dann können Sie diese direkt nach der Geburt abschicken!

Was müssen Sie bei welchen Behörden nach der Geburt unternehmen?

Wo?	Bitte mitbringen
Melden Sie Ihr Baby innerhalb einer Woche nach der Geburt beim Standesamt (in der Stadt, in der Ihr Kind geboren wurde) an.	■ *Heiratsurkunde* ■ *Familienbuch* ■ *Personalausweis* ■ *Geburtsurkunde der Eltern, wenn diese nicht verheiratet sind* ■ *Bescheinigung der Klinik oder Hebamme über die Geburt*
Eintrag Ihres Kindes in die Steuerkarte beim Einwohnermeldeamt.	■ *Geburtsurkunde Ihres Kindes*
Beantragen Sie beim Arbeitsamt das Kindergeld.	■ *Geburtsurkunde Ihres Kindes*
Beantragen Sie bei der Krankenkasse eine Familienversicherung.	■ *Geburtsurkunde Ihres Kindes*
Beantragen Sie beim Bund oder Land Erziehungsgeld.	■ *Einkommensnachweise* ■ *Ausgabenbelege*

Erziehungsgeld und Elternzeit

Ausführliche Informationen über die neusten Regelungen enthalten die Broschüren des Bundesministeriums für Familie, Senioren, Frauen und Jugend. Die Broschüren finden Sie auch im Internet.
Arbeitnehmer können drei Jahre lang „Elternzeit" nehmen. Seit Januar 2001 können Mütter und Väter gleichzeitig im Job pausieren und sich um ihr Kind kümmern. Die Elternzeit kann auf bis zu vier Zeitabschnitte verteilt werden. Dem Arbeitgeber muss die Elternzeit schriftlich angekündigt werden. Während der Elternzeit besteht grundsätzlich Kündigungsschutz. Auch hierzu bekommen Sie vom Bundesministerium hilfreiche Broschüren. Informieren Sie Ihren Arbeitgeber rechtzeitig darüber, wie Sie sich entschieden haben.

Kartengrüße

In den ersten Tagen zu Hause sind Sie wahrscheinlich kaum zum Luft holen gekommen, so hat Sie Ihr kleiner Liebling auf Trab gehalten. Aber jetzt schlummert er friedlich in seinem Bettchen. Nützen Sie die Zeit, um niedliche Geburtskarten zu basteln, mit denen Sie Ihre Freunde und Verwandten über seine Ankunft informieren!

Karte mit Filzmotiven

Material

- *Karte in Flieder, A6, hochdoppelt*
- *Mikadopapier in Rosa, Rest*
- *Stempel „Unser Baby ist angekommen"*
- *Stempelkissen in Farblos*
- *Embossingpulver in Silber*
- *Satinband in Rosa, 3 mm breit, ca. 50 cm lang*
- *2 Holzperlen in Flieder und Hellviolett, ø 6 mm*
- *2 Filzteile mit Nuckel- und Strampel-Motiv*
- *Toaster*

Aus dem Mikadopapier eine ca. 6 cm x 6 cm große Fläche herausreißen. Diese Fläche mit dem Stempel bestempeln und in den noch feuchten Stempelabdruck das Embossingpulver einstreuen. Das überschüssige Pulver abklopfen. Das Papier über den Toaster halten, damit das Pulver schmilzt. Dann die Karte mit den beiden Filzteilen und dem bestempelten Mikadopapier bekleben. Das Satinband um die Karte legen, verknoten und die Satinbandenden jeweils mit einer Perle verzieren, die durch Knoten an den Bandenden gesichert werden.

Unser kleiner Junge ist angekommen

Material

- *Karte in Creme, DIN lang, hochdoppelt*
- *Mikadopapier in Hellbraun oder Aprikose, Rest*
- *Stempel „Unser kleiner Junge ist angekommen“*
- *Stempelkissen in Sky Blue*
- *Embossingpulver in Farblos*
- *Feder in Hellblau*
- *Satinband in Hellblau, 3 mm breit, ca. 14 cm lang*
- *Ziersticker mit verschiedenen Babymotiven in Gold*
- *Foto*
- *Fotoschablone mit Blütenmotiv*
- *Motivschere mit Büttenrand*
- *Toaster*

Mit der Motivschere einen ca. 5 mm breiten Streifen von dem Deckblatt der Karte abschneiden. Die Karte bestempeln und in den noch feuchten Stempelabdruck das Embossingpulver einstreuen. Das überschüssige Pulver abklopfen. Das Papier über den Toaster halten, damit das Pulver schmilzt. Das Foto und das Hintergrundpapier (Mikadopapier) mithilfe der Fotoschablone ausschneiden. Zuerst die Feder und dann erst das Hintergrundpapier und das Foto auf die Karte kleben. Die Karte zum Schluss mit einer kleinen Satinschleife und verschiedenen Zierstickern verzieren.

Bärchen-Karte

Material

- *Karte in Hellblau, DIN lang, hochdoppelt*
- *Bananenpapier in Dunkelblau, Rest*
- *Schreibmaschinenpapier*
- *Tonkarton in Hellbau, Rest*
- *Marabufeder in Weiß*
- *Buntstifte in Hellblau, Rosa und Braun*
- *Satinband in Hellblau, 5 mm breit, ca. 45 cm lang*
- *Ecklocher mit Herzchen-Motiv*
- *Prägestift*
- *Embossingschablone mit Bären-Motiv*
- *Fotoschablone mit Wolkenmotiv*
- *Leuchttisch oder Glastisch mit Lichtquelle*
- *Locher*

Aus dem Bananenpapier ein 9,5 cm x 19 cm großes Rechteck ausschneiden, zwei Ecken davon mit dem Ecklocher verzieren und es dann auf die Karte kleben. Dann die Embossingschablone mit Klebefilmstreifen seitenrichtig auf dem Schreibmaschinenpapier fixieren. Das Ganze umdrehen und auf den Leuchttisch legen. Mit der Metallkugel des Prägestifts an den Linien des Motivs entlangfahren. Dadurch wird das Papier in die Schablone gedrückt und das Motiv in das Papier geprägt. Das Bärchenmotiv vorsichtig mit den Buntstiften bemalen und mithilfe der Fotoschablone ausschneiden. Auf die Rückseite die Marabufeder-Teile kleben. Nach dem Trocknen das Motiv vorsichtig auf die Karte kleben. Mit dem Ecklocher ein paar Herzen aus dem hellblauen Tonkarton ausstanzen und die Karte damit verzieren. Zum Schluss die Karte wie abgebildet lochen und das Satinband durch die Löcher ziehen.

Tipp

Sollten Sie keine passenden Fotoschablonen bekommen, dann entwerfen Sie selbst ein Blüten- bzw. Wolkenmotiv und stellen daraus wie auf Seite 107 beschrieben eine Schablone her.

Tipp

Natürlich sind alle ganz neugierig, wie Ihr Nachwuchs aussieht. Legen Sie den Karten daher unbedingt einen niedlichen Schnappschuss Ihres neuen Lieblings-Models bei!

Unser Baby ist angekommen

Material

- *Karte in Aprikose, DIN lang, hochdoppelt*
- *Mikadopapier in Flieder, 19 cm x 19 cm*
- *Stempel „Unser Baby ist angekommen" und mit Säuglings-Motiv*
- *Stempelkissen in Farblos*
- *Embossingpulver in Silber*
- *Toaster*

Das in der Mitte gefaltete Mikadopapier mit beiden Stempeln bestempeln und in die noch feuchten Stempelabdrücke das Embossingpulver einstreuen. Das überschüssige Pulver abklopfen. Das Papier über den Toaster halten, damit das Pulver schmilzt. Die Faltstelle des Mikadopapiers mit etwas Klebstoff bestreichen und das Mikadopapier dann um die Karte kleben.

Unser kleiner Hosenmatz ist da!

Material

- *Karte in Dunkelgelb, A6, hochdoppelt*
- *Tonkartonreste in Rot, Petrol, Hellgrün und Dunkelblau*
- *Motivlocher mit Herzchen- und Lokomotiven-Motiv*
- *Stempel „Unser kleiner Hosenmatz ist da!" und mit Familien-Motiv (Strichmännchen)*
- *Stempelkissen in Sky Blue*
- *Embossingpulver in Farblos*
- *Toaster*

Die Karte mit beiden Stempeln bestempeln und in die noch feuchten Stempelabdrücke das Embossingpulver einstreuen. Das überschüssige Pulver abklopfen. Das Papier über den Toaster halten, damit das Pulver schmilzt. Zum Schluss die Karte mit den ausgestanzten Tonkarton-Motiven verzieren.

baby

Kleine Entdecker

Tag für Tag, Woche für Woche und Monat für Monat lernt Ihr Baby neue Sachen und wird so zu einem kleinen Entdecker, der die Welt erobert. Der Entwicklungskalender sagt Ihnen, wann Sie sich über das erste Lächeln freuen dürfen und ab wann Sie am besten die Gegenstände aus den unteren Regalbrettern in Sicherheit bringen. Jetzt freut sich Ihr Kind auch ganz besonders über ein niedliches Walmobile oder bunte Bauernhoftiere aus Tonkarton, die den Schrank im Kinderzimmer zieren und zu denen sich viele lustige Geschichten erzählen lassen.

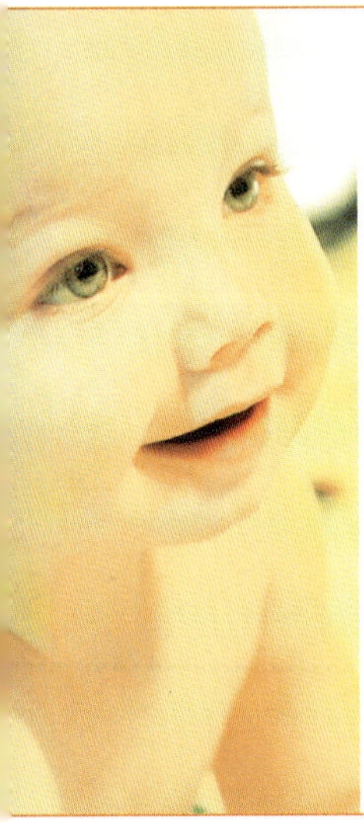

Monat für Monat etwas Neues

Erstaunlich, was Ihr Baby im ersten Jahr alles lernt. Der Entwicklungskalender zeigt Ihnen Monat für Monat die Entwicklungsschritte Ihres Babys. Freuen Sie sich darauf, die Welt durch die Augen Ihres Babys auch für sich selbst neu zu entdecken!

Entwicklungskalender

1. Monat

Schon vom ersten Moment an ist Ihr Baby eine eigenständige Persönlichkeit. Es hat seinen eigenen Kopf und will den auch durchsetzen. Es ist mit keinem anderen Baby auf der Welt vergleichbar.
Äußerlich passiert in den ersten Wochen noch nicht allzu viel. Ihr kleiner Liebling schläft sehr viel. Achtzehn Stunden, über den Tag verteilt, sind keine Seltenheit. Er hat aber schon gelernt, selbstständig zu atmen, an Ihrer Brust zu trinken und seine Körpertemperatur stabil zu halten.
Auf eine Entfernung von 25 cm sieht Ihr Baby scharf. Am liebsten schaut es sich das Gesicht von Mama und Papa an. Besonders gut funktioniert der Tastsinn. Streicheln und schmusen Sie deshalb ausgiebig mit Ihrem Baby.

2. Monat

Die Wachphasen Ihres Baby werden jetzt immer länger. Es nimmt mehr von der Umwelt wahr und wirkt neugierig.
Aufgeregt streckt es Händchen und Beine aus. Seine Händchen sind jetzt häufiger leicht geöffnet und nicht immer zu Fäusten geballt. Wenn Sie Ihr Baby anschauen und sich dabei bewegen, verfolgt es Sie mit seinen Augen. Bei Geräuschen hält es inne und lauscht ganz gespannt.
In der Bauchlage kann Ihr Baby schon für kurze Zeit sein Köpfchen heben. Vielleicht schenkt Ihnen Ihr Baby auch sein erstes, süßes, zahnloses Lächeln, dem einfach niemand widerstehen kann.

3. Monat

Das liebste Spielzeug sind jetzt die eigenen Hände. Ihr Baby erforscht die eine Hand mit der anderen, schiebt die Hand in den Mund und patscht nach allem, was es sieht, am liebsten nach Ihrem Gesicht.

Es strampelt jetzt immer heftiger und wird sich schon bald aus eigener Kraft von der Rückenlage auf die Seite drehen können. Sie dürfen Ihr Baby deshalb auf keinen Fall unbeaufsichtigt auf der Wickelkommode liegen lassen; es besteht Sturzgefahr. Ihr Kind brabbelt jetzt munter vor sich hin. Statt einem schreienden Baby hören Sie immer öfter juchzende und gurrende Laute von Ihrem Liebling.

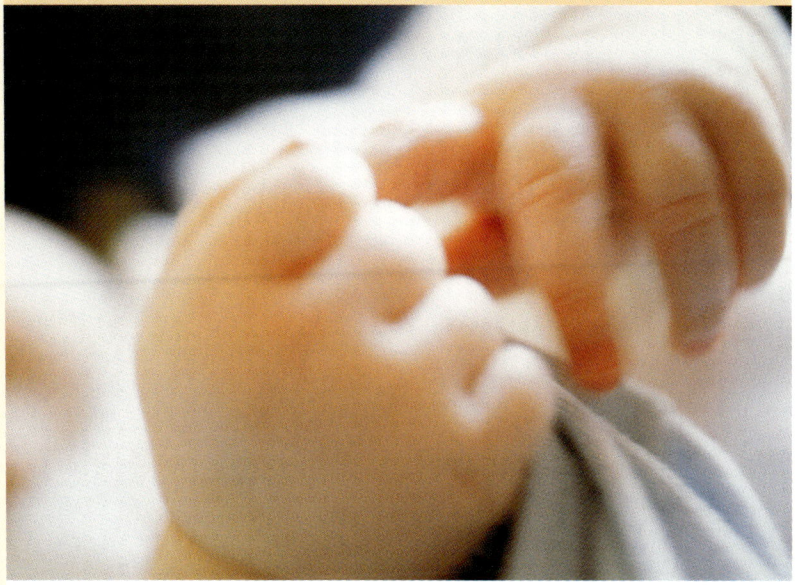

4. Monat

Alles, was Ihr Baby in die Finger bekommt, wandert sofort zum Mund. Die Tastnerven der Lippen und der Zunge liefern ihm Informationen über die Beschaffenheit der Gegenstände. Geben Sie ihm ruhig verschiedenartige Gegenstände in die Hand. Ihr Baby wird immer neugieriger und seine Ansprüche wachsen. Es sucht Ihren Kontakt und möchte so oft wie möglich mit Ihnen spielen.

Wenn etwas Ihr Baby besonders erfreut, lacht es inbrünstig ein herzhaftes Lachen, das ansteckend wirkt.

5. Monat

Den Kopf und die Glieder beherrscht Ihr Baby jetzt schon richtig gut. In der Bauchlage stützt sich Ihr Baby sicher auf den Armen ab. Aus dieser Position kann es seine Umwelt prima beobachten.

Wilde Spiele, wie hoch in Richtung Decke gehalten zu werden oder auch unter Ihren Beinen durchzuschaukeln, machen Ihrem Baby riesigen Spaß! Aber seien Sie vorsichtig und beobachten Sie die Reaktion Ihres Babys ganz genau. Vielleicht bekommt es auch plötzlich Angst. Steigern Sie die Gangart nur langsam.

6. Monat

Rollend erkundet Ihr Baby die Wohnung. Es dreht sich vom Rücken auf den Bauch und wieder zurück. Bald hat es den Dreh auch in die andere Richtung raus. Sichern Sie deshalb rechtzeitig Ihre Wohnung.

Ihr Baby lernt zu unterscheiden. Bekannte Gesichter lächelt es erfreut an, fremde hingegen werden zunächst kritisch gemustert.

Vielleicht hat Ihr Baby schon seinen ersten Zahn bekommen. Das mit dem Zahnen kann aber auch noch eine ganze Weile dauern, also nur Geduld. Schnupfen oder Husten kommen jetzt schon mal vor, Ihr Baby trainiert damit aber sein Immunsystem und baut körpereigene Abwehrkräfte auf.

7. Monat

Das Plaudern Ihres Baby ähnelt immer mehr dem richtigen Sprechen, es reiht mehrere Silben aneinander. Umgekehrt versteht es jetzt aber auch schon ein bisschen von dem, was Sie sagen. Wenn Sie fragen: „Wo ist der Papa?“, weiß es genau, in welche Richtung es schauen muss.

Große Fortschritte macht Ihr Baby beim Greifen. Dinge, die es in den Händen hält, werden nicht mehr sofort in den Mund genommen, sondern genaustens mit den Händen abgetastet und auf den Boden geschlagen, um zu testen, welche Geräusche sie machen.

tipp

Denken Sie daran: Jedes Baby ist anders und kann in keine Schublade gesteckt werden. Machen Sie sich deshalb nicht verrückt, wenn Ihr Baby für manche Sachen ein bisschen länger braucht. In anderen Angelegenheiten ist es den anderen dafür überlegen. Und sowieso: Es ist Ihr Kind und damit das beste und tollste auf der Welt überhaupt!

Ein lustiger Zeitvertreib ist jetzt ein Versteckspiel. Ihr Baby begreift, dass die Rassel immer noch existiert, auch wenn sie unter das Sofa gerollt und nicht mehr zu sehen ist.

8. Monat

Ihr Baby beobachtet alles ganz genau, was um es herum vorgeht. Egal, ob Sie kochen oder ältere Geschwister ein Puzzle machen – alles ist von großem Interesse. Ihr Baby schaut von einem zum anderen und kann gar nicht genug davon bekommen.

Ihr Baby versucht jetzt immer wieder, vorwärts zu kommen, leider klappt das meistens noch nicht ganz so, wie es sich das wünscht. Wenn Sie Ihrem Baby beide Hände geben, ist es schon so kräftig, dass es sich aus der Rückenlage in eine sitzende Position hochziehen kann.

9. Monat

Sie haben Ihren Liebling auf dem Schoß. Er spielt mit seinem Teddy. Plumps, liegt der Teddy auf dem Boden. Vehement fordert Ihr Baby Sie auf, den Teddy wieder aufzuheben. Kaum hat es den Teddy jedoch in den Händen, liegt dieser wieder auf der Erde. Dieses Spiel können Sie endlos wiederholen – Ihr Baby hat nämlich gelernt, gezielt loszulassen.

Anfangs noch sehr mühevoll, robbt es auf dem Bauch vorwärts und versucht, sich an Möbelstücken hochzuziehen. Spielen Sie so oft wie möglich mit Ihrem Baby und gehen Sie auf seine Fähigkeiten ein.

10. Monat

Das Krabbeln beherrscht Ihr Baby jetzt immer besser. In einem Affenzahn bewegt es sich so von einer Zimmerecke zur anderen. Aus der Bauchlage schafft es jetzt, sich zum Sitzen aufzurichten und kann das Gleichgewicht halten. Ihr Baby kann also mit am Tisch in einem Hochstuhl sitzen und bei Ihren Mahlzeiten dabei sein. Ihr Baby nimmt jetzt auch immer mehr Details wahr. Mit spitzem Zeigefinger berührt es die Augen der Puppe und untersucht sie genaustens.

11. Monat

Mittlerweile zieht Ihr Kind sich an den Möbeln selbstständig hoch und steht dann sicher auf beiden Beinen. Vielleicht kann es auch ein paar Schritte entlang der Möbel machen.

Im Plappern ist das Kleine jetzt schon ganz groß. Vielleicht sagt Ihr Kind zum allerersten Mal

„Mama“ oder „Papa“, vielleicht aber auch „da“ oder „wau-wau“. Sie dürfen gespannt sein.
Wenn Sie nun gemeinsam am Tisch sitzen, möchte es statt seines Breis viel lieber von Ihren Gerichten essen. Es kann jetzt auch schon gut aus einer Tasse trinken.

12. Monat

Ihr kleiner Sprössling wird von Tag zu Tag selbstbewusster. Dinge, die Ihr Kind noch nicht kann, will es ständig versuchen und trotzig seinen eigenen Kopf durchsetzen. Das ist manchmal ziemlich anstrengend für Sie, aber für Ihr Kind eine wichtige Lernphase.
Ihr Kind versteht jetzt immer mehr, es reagiert auf seinen Namen und versteht kleine Aufforderungen.
Wer weiß, vielleicht kann Ihr Kind schon die ersten freien Schritte alleine machen? Das muss aber nicht sein, nur die Hälfte der Babys schafft das bis zum ersten Geburtstag. Üben Sie sich in Geduld.

Vorsorgeuntersuchungen

Wichtig sind die regelmäßigen Vorsorgeuntersuchungen für Ihr Baby. Hier prüft der Kinderarzt, ob Ihr Baby sich dem Alter entsprechend entwickelt. Nehmen Sie die Untersuchungen wahr, so können eventuelle Probleme frühzeitig erkannt und erfolgreich behandelt werden.

U1	*im Krankenhaus, direkt nach der Geburt*
U2	*5. Tag*
U3	*4. – 6. Lebenswoche*
U4	*3. – 4. Lebensmonat*
U5	*6. – 7. Lebensmonat*
U6	*10. – 12. Lebensmonat*
U7	*21. – 24. Lebensmonat*
U8	*3 1/2 – 4. Lebensjahr*
U9	*5. – 5 1/2 Lebensjahr*

Tohuwabohu

Im Kinderzimmer herrscht mal wieder Chaos, ein völliges Durcheinander. Die Tür lässt sich von außen kaum noch öffnen, weil überall auf dem Boden verstreut die Spielsachen liegen. Und was macht Ihr Kind? Es spielt mit Kochlöffeln und Plastikschüsseln in der Küche!

Tipp

Legen Sie ein Schmusetier, das Sie auf der Haut getragen haben, oder ein von Ihnen bereits getragenes T-Shirt in das Bettchen Ihres Babys. Von Ihrem Geruch lässt sich Ihr Baby beruhigen und träumt selig.

Was braucht ein Baby zum Spielen?

Ihr neugeborenes Baby kann mit Spielzeug noch nicht viel anfangen, denn es muss erst lernen, seine Bewegungen zu koordinieren. Am Anfang reichen deshalb ein Mobile über dem Bettchen und ein Greifring vollkommen aus. Wenn Ihr Baby anfängt, sich mehr für seine Umwelt zu interessieren, sollten Sie ihm Spielsachen aus verschiedenen Materialien anbieten. Wenn es abwechselnd Spielsachen aus Holz, Plastik und Stoff betastet, lernt es die Unterschiede von hart und weich und glatt und rau kennen.

Häufig finden Babys alltägliche Dinge spannender als gekaufte Spielsachen. Der Schlüsselbund wird zur Rassel und bunte Küchengegenstände machen herrliche Geräusche. Testen Sie, mit was Ihr Baby am liebsten spielt. Überhäufen Sie Ihr Baby aber nicht mit Spielsachen, denn es soll lernen, sich konzentriert mit einer Sache zu beschäftigen.

Der Körper des Babys – ein tolles Lernspielzeug

In den ersten Lebensmonaten lernt Ihr Baby erst einmal seinen eigenen Körper kennen. „Wie kann ich meine Arme und Beine gebrauchen?"

und „Was muss ich tun, um mein Köpfchen hochzuheben?“ – das sind die Dinge, mit denen sich Ihr Baby auseinander setzen muss. Ihr Baby nimmt seine Händchen und Füßchen in den Mund, betrachtet sie aufmerksam und lernt so jeden Tag ein bisschen mehr dazu.

Überfüllte Kinderzimmer

Spielsachen, so weit das Auge reicht, und doch wird damit nicht gespielt. Oma und Opa, Tanten und Freundinnen bringen zum Geburtstag, an Weihnachten und zu Ostern haufenweise Geschenke mit, doch schon nach kurzer Zeit liegen sie in der Ecke und werden nicht mehr beachtet. So füllt sich das Kinderzimmer Jahr für Jahr, Sie haben bereits den Überblick verloren. Bitten Sie Verwandte und Freunde deshalb, die Geschenke vorher mit Ihnen abzusprechen. Es gilt: Qualität statt Quantität!

Räumen Sie auf

Wenn Ihr Kind ein kleines bisschen größer ist, können Sie auch mit ihm zusammen die Spielsachen durchwühlen. Überlegen Sie gemeinsam, welche Spielsachen Sie aufheben wollen. Die anderen packen Sie weg. Es kommt bestimmt eine Gelegenheit, die Dinge loszuwerden. Vielleicht können die älteren Kinder ihr Taschengeld bei einem Flohmarktverkauf aufbessern? Oft suchen auch gemeinnützige Organisationen gut erhaltene Spielsachen für Dritte-Welt-Länder.

Spiel & Spaß selbst gemacht

Wählen Sie die Spielsachen für Ihr Kind gezielt aus. Lieber wenige hochwertige und anspruchsvolle Dinge als eine Flut von Ramsch. Toll ist es, wenn Sie die Spielsachen für Ihr Kind selber machen. Wie wäre es zum Beispiel mit einer selbst genähten Krabbeldecke oder witzigen Tonkarton-Motiven, die das Kinderzimmer bevölkern und die Ihr Baby bestimmt nicht müde wird, zu betrachten und sich dazu Geschichten erzählen zu lassen?

Tonkarton-Motive

Auf den folgenden Seiten finden Sie zahlreiche Tonkarton-Motive, z. B. Mobiles, Bandornamente oder witzige Tiere, die den Schrank oder das Fenster schmücken. Das Schöne an Tonkarton-Motiven ist, das sie ruck, zuck gezaubert und dabei so günstig zu machen sind, dass Sie hier die Kinderzimmerdekoration problemlos alle paar Wochen variieren können.

Werkzeuge und Materialien

Folgende Materialien und Werkzeuge sollten Sie für Ihre Tonkarton-Arbeiten bereitlegen:

- Transparentpapier
- dünne Pappe für Schablonen
- mittelgroße, spitze Schere
- kleine, spitze, halbrunde Nagelschere
- Cutter mit Schneideunterlage
- Bürolocher (z. B. zum Ausstanzen der Augen)
- Lochzange
- Bleistift
- Stift in Schwarz (für die Innenlinien)
- Lackstift in Weiß (für die Lichtpunkte)
- Radiergummi
- Nähgarn und Nadel
- Klebstoff
- Buntstift in Rot
- Klebestift
- ggf. Säge (um das Rundholz zu kürzen)

Die weiteren Materialangaben finden Sie bei den jeweiligen Modellen.

So bearbeiten Sie die Tonkarton-Motive

Für die Tonkarton-Motive sollten Sie Schablonen anfertigen. Dabei gehen Sie folgendermaßen vor:

1. Legen Sie das Transparentpapier auf die Vorlage und übertragen Sie mit Bleistift die Einzelteile des Motivs ohne Überschneidungen auf das Papier.

2. Kleben Sie das Transparentpapier auf dünne Pappe und schneiden Sie die Teile mit einer Schere oder einem Cutter aus – fertig sind Ihre Schablonen!

3. Die Schablonen legen Sie jeweils auf den Tonkarton in der Farbe, in der das Teil gearbeitet werden soll. Ziehen Sie die Konturen mit einem Bleistift nach und schneiden Sie die Teile sorgfältig aus. Wenn alle Teile vorliegen, können Sie Ihr Motiv laut Anleitungstext zusammenfügen und die Innenlinien laut Vorlage und Foto mit einem schwarzen Stift ergänzen. Für das Übertragen der schwarzen Innenlinien pausen Sie das

Motiv von der Vorlage auf Transparentpapier ab und ziehen auf der Rückseite die Innenlinien mit einem Bleistift nach. Nun legen Sie das Transparentpapier auf Ihr Tonkarton-Motiv und zeichnen die Linien nach; dabei überträgt sich der auf der Rückseite haftende Graphit auf das Bild! Für die kleinen Augen können Sie das Ausgestanzte eines Bürolochers benutzen oder die Augen mit einem schwarzen Stift aufmalen. Kleine Lichtreflexe malen Sie mit einem weißen Lackstift auf.

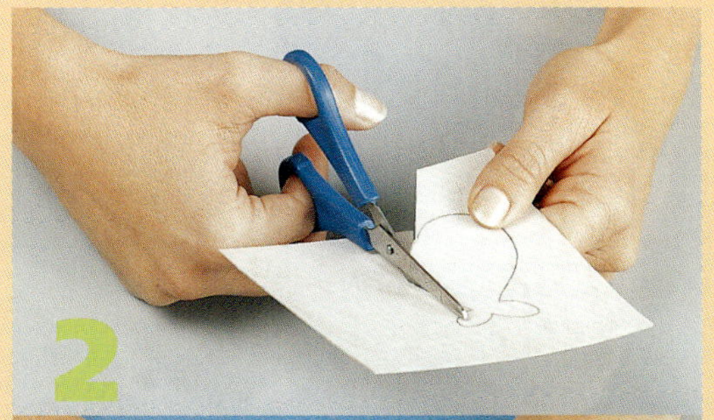

Hinweise

Als Rest wird in den folgenden Materiallisten immer ein Tonkarton-Stück bezeichnet, das kleiner als A5 ist. Bitte beachten Sie, dass die Materialangaben nur für einseitig gebastelte Motive gelten. Bei beidseitig gearbeiteten Motiven brauchen Sie die doppelte Größe an Tonkarton. Für die Rückseite schneiden Sie die benötigten Teile nochmals aus und kleben diese spiegelverkehrt auf!

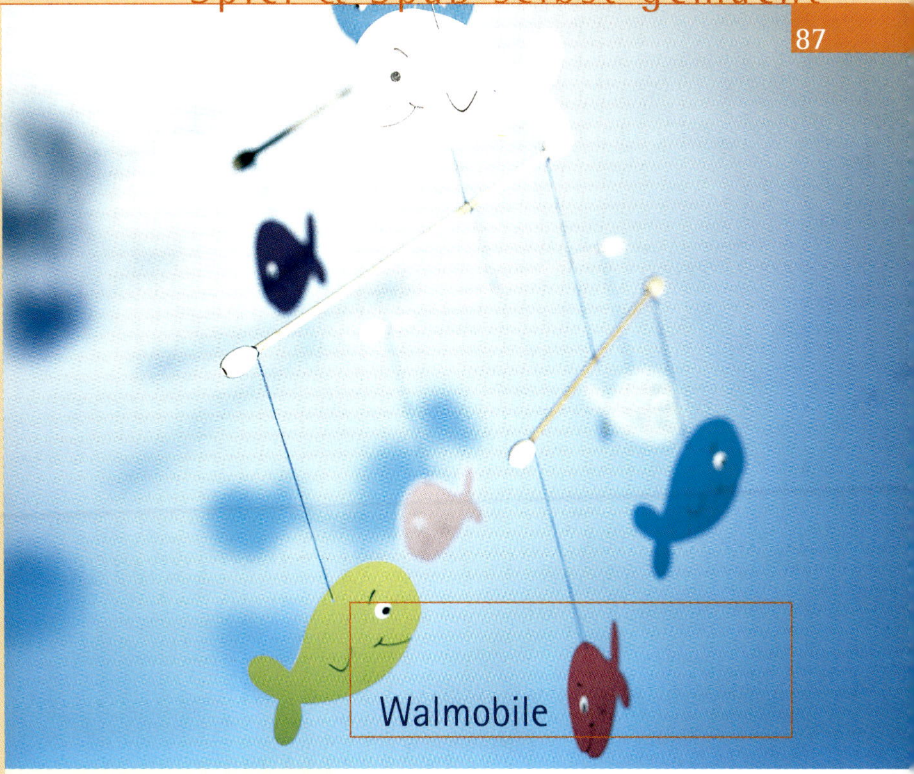

Walmobile

Material

- *Tonkartonreste in Hellgrün, Rosa, Pink, Mint, Helllila, Violett, Hellblau, Weiß und Petrol*
- *Set mit Holzmobilestäbchen (1 x 30 cm lang, 4 x 16 cm lang)*
- *Nähgarn in Blau*
- *dünner Stift in Schwarz*

Vorlage Seite 109

Aus dem Tonpapier acht Wale ausschneiden, jedem Wal Augen aufkleben und die Pupillen und Gesichter mit dem schwarzen Stift aufmalen. Dann das Mobile zusammensetzen. Dafür die Wale mit der Nadel durchstechen (dabei vorsichtig zwischen Daumen und Zeigefinger ausbalancieren) und das Nähgarn durchziehen. Die Wale und die Mobilestäbchen laut der Abbildung vor sich auf den Tisch legen und dann die Wale an die Mobilestäbchen anknoten. Den Aufhängefaden anknoten und das Mobile ausbalancieren. Dabei von unten nach oben vorarbeiten. Wenn alle Holzstäbchen waagrecht hängen, die Aufhängefäden jeweils mit Flüssigkleber an den Holzstäbchen fixieren.

Mond und Sterne

Material

- *Tonkarton in Gelb*
- *Satinband in Dunkelblau, 3 mm breit*
- *Buntstift in Rot*
- *Stift in Schwarz*

Vorlage Seite 108

Beliebig viele Sterne und Monde aus dem Tonkarton ausschneiden. Den Monden mit dem schwarzen Stift ein Gesicht aufmalen und die Nasen und Wangen mit dem roten Buntstift verzieren. Die Motive mit der Lochzange lochen, jeweils ein Stück Satinband hindurchziehen und damit z. B. die Gardinenstange schmücken.

Entchenbandornament

Material

- *Tonpapier in Gelb, 35 cm x 8 cm*
- *Tonpapier in Sonnengelb, Rest*
- *Federspitzen in Gelb*
- *Stift in Schwarz*

Vorlage Seite 109

Von dem Entchen eine Schablone erstellen und diese linksbündig auf den gelben Tonkartonstreifen legen. Dabei darauf achten, dass die Unterkante des Motivs mit der Unterkante des Tonpapierstreifens abschließt. Das Motiv mit Bleistift auf das Papier übertragen und dann den ganzen Streifen in der Breite des Motivs ziehharmonikaartig zusammenfalten. Darauf achten, dass sich die Unterkanten dabei nicht verschieben. Die äußere Kontur nachschneiden und den Entenstreifen dann wieder auseinander falten. Den Enten von vorne die Füße und die Schnäbel aufkleben, von hinten die Federspitzen. Zum Schluss alle Innenlinien und Augen aufmalen.

Autoschlange

Material

- *Tonpapierstreifen in Dunkelblau, 50 cm x 6,5 cm*
- *Tonpapier in Gelb, Sonnengelb, Petrol, Grün und Rot, Reste*

Vorlage Seite 109

Dieses Band wird im Prinzip genauso gefertigt wie das Entchenband. Von dem Auto eine Schablone erstellen und diese auf den dunkelblauen Streifen Tonpapier legen. Nach dem Ausschneiden erhält jedes Auto von vorne farbige Räder und Fensterscheiben aufgeklebt.

Tipp

Damit sich das Bandornament leichter falten lässt, können Sie mithilfe eines Geodreiecks und einer Nadel die Faltlinien leicht anritzen.

Spielzeug-Kiste

Material

- *Holzkiste in beliebiger Größe*
- *Servietten mit Bauernhof-Motiven*
- *Serviettenkleber*
- *Pinsel*
- *Holzbuchstaben (dem Namen entsprechend)*
- *Acrylfarben (Farbtöne je nach Wunsch)*
- *evtl. Klarlack*

Die Holzkiste nach Belieben bemalen. Von der Serviette die oberste, bedruckte Schicht abziehen und diese mit Serviettenkleber auf der Holzkiste aufbringen. Dabei bitte an die Hinweise des jeweiligen Herstellers halten, weil die Serviettentechnik je nach verwendetem Produkt etwas unterschiedlich funktioniert. Zum Schluss die angemalten Holzbuchstaben aufkleben und die Kiste evtl. lackieren.

Tipp

Mit dieser hübschen Spielzeugkiste schaffen Sie im Handumdrehen Ordnung im Kinderzimmer.

Bauernhof-Tiere

Material

- *Tonkarton in Weiß, Rosa, Schwarz, Hautfarbe, Mittelbraun, Hellbraun und Grau, Reste*
- *Baumwollkordel in Weiß, Dunkelbraun und Schwarz (pro Tier ca. 12 cm lang)*
- *Buntstift in Rot*
- *Lackstift in Weiß*
- *Stift in Schwarz*

Vorlage Seite 121/122

Die Tiere wie abgebildet zusammensetzen. An jede Hand und jeden Fuß ein ca. 3 cm langes Stück Baumwollkordel ankleben, trocknen lassen und dann am jeweiligen Körper fixieren. Zum Schluss mit dem roten Buntstift, dem schwarzen Stift und dem weißen Lackstift die Gesichter aufmalen.

Dschungeltiere

Material

- *Tonkarton in Hautfarbe, Mittelbraun, Mittelgelb, Mint, Gelb, Schwarz und Hellblau, Reste*
- *Rundholz, ø 4 mm, 33 cm lang*
- *2 Holzkugeln, durchbohrt, ø ca. 2 cm*
- *Satinband in Blau, 3 mm breit, ca. 90 cm lang*
- *Lackstift in Weiß*
- *Buntstift in Rot*
- *Bastelfarbe in Mittelgelb und Arktis*
- *Nähgarn in Gelb*
- *Stift in Schwarz*
- *Pinsel*

Vorlage Seite 120

Dem Löwen von vorne die Mähne samt Gesicht und die Nase aufkleben, der Giraffe die Hörner, das Mundteil und die Fellflecken. Dem Elefanten das Ohrinnere und den Rüssel aufkleben, dem Nilpferd

das Mundteil. Mit dem schwarzen Stift die Augen und alle Innenlinien aufmalen und die Wangen des Elefanten, des Nilpferds und der Giraffe mit dem roten Buntstift verzieren. Mit dem Lackstift die Lichtflecken ergänzen. Die Holzkugeln in Arktis und das Rundholz in Mittelgelb anmalen und nach dem Trocknen die Holzkugeln an die Enden des Rundholzstabes kleben. Die Tiere oben mit der Nadel durchstechen, Nähgarn durchziehen, sie ans Rundholz hängen und mit etwas Flüssigkleber fixieren. Zum Schluss das Aufhängeband anknoten.

Tipp

Am besten kleben Sie die Bauernhof-Tiere mit Klebepads auf und verzieren damit den Schrank, die Tür, die Kommode usw.

Zieh-Eisbär

Material

- *Sperrholz, 1 cm stark, Rest*
- *Bastelfarbe in Elfenbein, Zartrosa, Ultramarinblau und Schwarz*
- *1 durchbohrte Holzkugel in Apfelgrün, ø 3 cm (gibt es so im Handel fertig zu kaufen)*
- *4 Holzräder, ø 5 cm, 1 cm stark, mit einer Bohrung mit ø 4 mm*
- *Rundholz, ø 4 mm, ca. 7 cm lang*
- *1 geschlossene Ringschraube in Messing, 8 mm x 3 mm*
- *Bohrer, ø 4,5 mm*
- *Paketschnur, 1,7 mm stark*

Vorlage Seite 116

Den Eisbären aussägen, wie abgebildet bemalen und alle Teile trocknen lassen. Die Ringschraube ohne Vorbohren einschrauben. Die Löcher für die Räder bohren und diese mit 3,5 cm langen Rundholzstückchen befestigen. Zum Schluss ein Ziehband aus Paketschnur durch die Ringschraube führen und dieses am Ende mit einer Holzkugel verzieren.

Hinweis

Allgemeine Material- und Arbeitshinweise und Tipps und Tricks zu den Holzarbeiten finden Sie auch auf Seite 22/23 in diesem Buch.

Flug-Pelikan

Material

- *Sperrholz, 6 mm stark, 20 cm x 30 cm*
- *Sperrholz, 1 cm stark, 22 cm x 35 cm*
- *Bastelfarbe in Weiß und Mittelgelb*
- *Nylonschnur, ø 0,5 mm*
- *Elastic-Kordel (Hutgummi), ca. 30 cm lang*
- *9 geschlossene Ringschrauben, 8 mm x 3 mm*
- *1 Hohlring, ø 11 mm / 16 mm*
- *Bohrer, ø 1,5 mm*
- *Spitzzange*
- *Stoffrechteck, 4 cm breit, 30 cm lang*

Vorlage Seite 115

Die Flügel aus dem dünnen und den Körper aus dem dicken Sperrholz aussägen, bemalen und nach dem Trocknen alle Löcher hineinbohren. Es ist sinnvoll, die Löcher für die Ringschrauben vorzubohren, weil es das präzise Einschrauben erleichtert. Bevor die Ringschrauben für die Flügel in den Körper eingeschraubt werden, diese mit einer Zange etwas aufbiegen und erst nach dem Einhängen wieder zusammendrücken. Für die Aufhängung oben eine weitere Ringschraube in den Körper schrauben, daran die Elastic-Kordel festknoten und am anderen Kordelende den Hohlring befestigen. Ein ca. 1 m langes Stück Nylonschnur an einem Ende mit einem Knoten versehen und die Schnur von unten durch die Bohrung des ersten Flügels ziehen, danach durch den Hohlring und dann von oben durch die Bohrung des zweiten Flügels. Hier wird die benötigte Länge (Stand der Flügel) durch einen Knoten unterhalb des Flügels fixiert. Wer will, knotet zusätzlich ein weiteres Stück Nylonschnur als Aufhängung an den Hohlring. Zum Schluss dem Pelikan einen Stoffschal umbinden.

Hinweis

Wenn ganz kleine Kinder mit dem Bären spielen sollen, dann dürfen Sie für die Augen keine Knöpfe verwenden, sondern müssen sie aufsticken!

Kuschelbär

Material

- *Fellstoff, 140 cm breit, 50 cm lang*
- *Baumwollstoff in Hellblau mit Bärenmuster, Reste*
- *Füllwatte*
- *2 Tieraugen, ø 1,5 cm*
- *Nähgarn in passender Farbe*

Vorlage 124/125

Alle Bärenkörperteile auf die Stoffe übertragen und mit Nahtzugabe ausschneiden. Dabei benötigt man aus Fellstoff das vordere Körperteil (2 x), das Rücken-Körperteil (2 x), das äußere Beinteil (2 x), das innere Beinteil (2 x), das äußere Armteil (2 x), das innere Armteil (2 x), das vordere mittlere Kopfteil (1 x), das hintere mittlere Kopfteil (1 x), das seitliche Kopfteil (2 x) und das Ohr (2 x). Aus Baumwollstoff benötigt man das Ohr (2 x), die Fußsohle (2 x), die Nase (1 x) und ein 8 cm breites und 80 cm langes Rechteck. Dabei die Vorlagen für die Arme, Beine, Ohren, die seitlichen Kopfteile sowie die Rücken- und Vorderteile einmal wie auf der Vorlagenseite abgebildet und einmal spiegelverkehrt auf den Stoff legen. Die Baumwollstoff-Teile mit Zickzackstichen säubern. Die Kopfteile zusammennähen, dabei die Stellen offen lassen, an denen die Ohren später eingesetzt werden. Die Ohren rechts auf rechts zusammennähen, wenden und mit ein wenig Füllwatte ausstopfen. Dann die Ohren zwischen die Öffnungen an den Kopfteilen schieben und von innen festnähen. Die Körperteile jeweils an der Mittelnaht zusammennähen, dabei hinten einen ca. 15 cm langen Spalt offen lassen, um später den Körper umwenden und ausstopfen zu können. Dann die Vorder- und die Rückseite aufeinander legen und die Seiten-, die Schulter- und die Schrittnähte zusammennähen. Die Arme und Beine bis auf die Verbindungsstellen zum Körper zusammennähen und anschließend die fertigen Arme, Beine und den Kopf an den Körper nähen. Das Bindeband der Länge nach rechts auf rechts falten, zusammennähen und flach bügeln.

Den Bären durch den offenen Spalt wenden und mit Füllwatte ausstopfen. Das Nasendreieck an den Kanten ca. 5 mm breit auf die Rückseite umschlagen, die Kanten festbügeln und die Nase dann von Hand aufnähen. Die Augen an den markierten Stellen annähen. Dabei den Kopf zusammendrücken, die Nadel auf die andere Seite führen und den Faden dort fixieren.

Krabbeldecke

Material

- *Baumwollstoff mit Bärenmuster in Dunkelblau, 160 cm breit, 200 cm lang*
- *Baumwollstoff mit Herzmuster in Gelb, 160 cm breit, 80 cm lang*
- *Futterstoffe in Gelb, Grün, Blau und Rot, je 20 cm x 50 cm*
- *Volumenvlies, 160 cm breit, 150 cm lang*
- *Klettband, 16 cm lang*
- *Nähgarn in passender Farbe*

Vorlage Seite 126/127

Für die Rückseite der Decke vom dunkelblauen Stoff ein 113 cm x 113 cm großes Quadrat zuschneiden. Für die Vorderseite vom dunkelblauen Stoff vier 10 cm x 113 cm große Streifen und vier 36 cm x 36 cm große Quadrate zuschneiden. Vom gelben Stoff fünf 36 cm x 36 cm große Quadrate zuschneiden. Alle Quadrate wie auf dem Foto gezeigt von der Rückseite her zusammennähen. Dann die vier Streifen an die Außenkanten des Quadratteils annähen. Die Ecken, an denen die Streifen dabei zusammenstoßen, vor dem Zusammennähen jeweils abschrägen. Die Vorder- und die Rückseite der Decke rechts auf rechts aufeinander legen und zusammennähen. Dabei an einer Seite einen ca. 50 cm breiten Spalt offen lassen. Den Bezug wenden und ein ca. 107 cm x 107 cm großes Quadrat aus Volumenvlies damit beziehen. Den Spalt schießen. Dann alle Nähte an der Vorderseite der Decke absteppen.

Die Figurenteile je einmal links und einmal rechts auf die jeweiligen Stoffe übertragen und zuschneiden. Jede Figur zusätzlich einmal auf Volumenvlies übertragen und diesen jeweils ca. 1 cm kleiner zuschneiden. Die Figurenteile jeweils rechts auf rechts aufeinander legen und zusammennähen, dabei an einer geraden Seite einen ca. 5 cm langen Spalt offen lassen. Die Figuren wenden, die Vliesfiguren damit beziehen.

Das Klettband in 4 cm lange Stücke schneiden und einen Teil davon jeweils mittig an den Figurenrückseiten, den anderen auf den dunkelblauen Quadraten festnähen. So können dann die Figuren auf der Krabbeldecke befestigt werden. Die Krabbeldecke ist ca. 110 cm x 110 cm groß.

Mmh, das schmeckt!

In den ersten Monaten haben Sie Ihr Baby wahrscheinlich gestillt. Jetzt ist es aber langsam an der Zeit, einmal etwas anderes zu probieren. Auch wenn es anfänglich vielleicht ein bisschen schwierig wird, kann Ihr Nachwuchs nach einiger Zeit wahrscheinlich kaum genug von den leckeren Breichen bekommen, die Sie ganz einfach und unkompliziert selbst in der Küche zaubern.

Babys Ernährung

Kinderärzte und Ernährungswissenschaftler empfehlen, Ihr Kind mindestens vier bis sechs Monate lang voll zu stillen, es also ausschließlich mit Muttermilch zu ernähren. Erst nach dieser Zeit beginnen Sie langsam mit dem Zufüttern.

Getränke

Wasser und ungesüßte Tees (Früchte- und Kräuterteemischungen) sind geeignete Getränke für Ihr Kind. Geben Sie Ihrem Kind immer wieder etwas zu trinken, damit es auch lernt, genügend zu trinken. Wenn es am Anfang noch nicht so viel trinkt, ist das nicht allzu schlimm, weil die Nahrung noch sehr flüssig ist, nur ein Dauerzustand sollte es nicht bleiben.

Aller Anfang ist schwer

Füttern Sie anfänglich nur ein paar Löffel Brei. Ihr Baby muss sich nämlich erst an den neuen Geschmack gewöhnen und lernen, vom Löffel

Babys Speiseplan

	5. – 7. Monat	6. – 8. Monat	7. – 9. Monat	8. – 10. Monat	9. – 11. Monat
Morgens 6:00 – 7:00	*Milch**	*Milch**	*Milch**	*Milch**	*Getreide-Milch-Brei oder Vollkornbrot und ein Glas Milch*
Vormittags 9:00 – 10:00	*Milch**	*Obstmus*	*Obstmus*	*Brot oder Obst am Stück*	
Mittags 12:00 – 13:00	*Gedünstete und pürierte Karotten*	*Gemüse-Kartoffel-Brei*	*Gemüse-Kartoffel-Brei mit Fleisch*	*Gemüse-Kartoffel-Brei mit Fleisch*	*Gemüse-Kartoffel-Brei mit Fleisch*
Nachmittags 15:00 – 16:00	*Milch**	*Milch**	*Milch**	*Getreide-Obst-Brei*	*Getreide-Obst-Brei*
Abends 19:00	*Milch**	*Milch**	*Getreide-Milch-Brei*	*Getreide-Milch-Brei*	*Getreide-Milch-Brei*

**Muttermilch oder Muttermilch-Ersatznahrung*

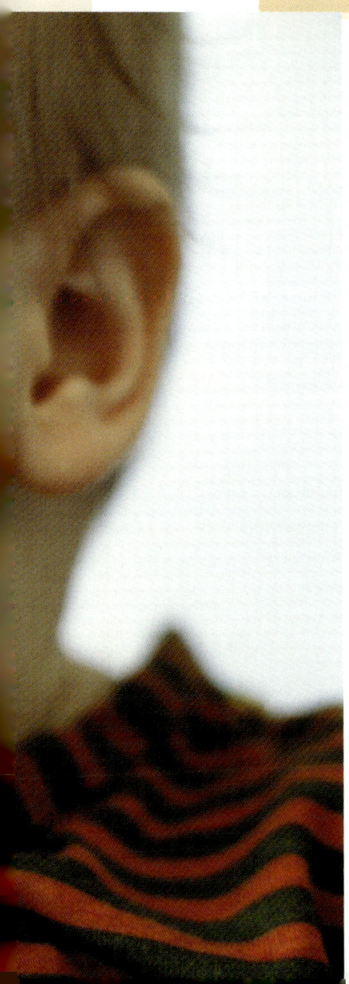

zu essen. Steigern Sie täglich die Menge, bis Sie die erste Mahlzeit komplett ersetzt haben. Schrittweise machen Sie so weiter. Seien Sie geduldig. Wenn es nicht auf Anhieb klappt, stillen Sie Ihr Baby lieber noch ein bisschen länger.

Später dann ...

Später können Sie langsam zur Kleinkindnahrung übergehen bzw. Ihr Kind teilweise schon bei Ihren Sachen mitessen lassen. Achten Sie darauf, dass die Speisen nicht zu stark gewürzt oder gesalzen sind. Süßigkeiten sollte Ihr Kind möglichst noch kaum und wenn, dann nur zu ganz besonderen Gelegenheiten bekommen.

Tipp

Wer die Babynahrung selbst kocht, kann immer gleich ein bisschen mehr machen und die Breie dann portionsweise einfrieren.

Leckere Rezepte für Ihr Baby

Für Ihr Baby zu kochen macht Spaß und Sie können sicher gehen, dass es nur das Beste bekommt. Wenn Sie Babynahrung selbst zubereiten, verwenden Sie bitte möglichst Gemüse und andere Zutaten aus kontrolliert biologischem Anbau. Achten Sie auch darauf, dass das Obst und Gemüse gerade Saison hat und aus der näheren Umgebung kommt – so ist's besonders vitaminreich und gesund!

Tipp

Wenn Sie Babys Breie häufiger selbst zubereiten wollen, sollten Sie auf alle Fälle einen Kochtopf mit gut schließendem Deckel, einen Pürierstab oder eine Küchenmaschine und kleine, ca. 250 ml fassende Gefäße aus Plastik oder Glas zum Einfrieren besorgen.

Karotten-Kartoffel-Brei

Zutaten

- *100 g Karotten*
- *50 g Kartoffeln*
- *1 EL Sonnenblumenöl*
- *evtl. 20 g Fleisch*

Karotten und Kartoffeln schälen und in Stücke schneiden, mit Wasser bedecken und im geschlossenen Topf 10 Minuten dünsten. Anschließend mit einem Esslöffel Sonnenblumenöl pürieren.

Ab dem 8. Monat kann auch etwas Fleisch mit in den Brei gegeben werden. Dafür etwas Rind- oder Lammfleisch (enthalten besonders viel Eisen) kochen und dieses zusammen mit dem Gemüse pürieren.

Apfelmus

Zutaten

- *100 g Äpfel*
- *1/2 TL Mandelmus*
- *evtl. etwas Wasser*

Äpfel schälen und entkernen, pürieren und mit Mandelmus vermischen.

Getreide-Obst-Brei

Zutaten

- *1 - 2 EL gemahlenes Vollkorngetreide (z. B. Hirse oder Hafer)*
- *100 g Birnen*
- *1/2 TL Mandelmus*
- *100 ml Wasser*

Das Vollkorngetreide im Wasser aufkochen, bis es sämig wird. Dann mit geschälten und entkernten Birnen pürieren. Mit Mandelmus vermischen.

Getreide-Milch-Brei

Zutaten

- *150 – 250 ml Vollmilch (anfänglich jedoch Halbmilch, d. h. 100 ml Wasser und 100 ml Vollmilch)*
- *1 – 2 EL gemahlenes Vollkorngetreide*

Die Milch mit dem Getreide aufkochen, bis der Brei schön sämig ist. Wenn Sie den Brei flüssiger machen, können Sie ihn Ihrem Baby auch abends in der Flasche geben.

Lätzchen

Material

- *Frotteestoffe in Pastell-Grün, -Gelb, -Blau und Weiß, pro Lätzchen 26 cm x 30 cm*
- *Baumwollstoff in Pastellfarben, Reste*
- *Schrägband in passenden Farben, pro Lätzchen ca. 180 cm lang*
- *Nähgarn in passenden Farben*
- *Vliesofix®*

Vorlage Seite 123

Pro Lätzchen ein 26 cm x 30 cm großes Stück vom Frotteestoff zurechtschneiden, den Halsausschnitt hineinschneiden und dann die Kanten mit Zickzackstichen säumen. Das Lätzchen mit einem farblich passenden Schrägband (siehe dazu auch Badetuch mit Kapuze, Seite 62) umnähen. Dabei zuerst mit den Außenkanten beginnen (ca. 100 cm Schrägband). Für den Halsausschnitt 80 cm vom Band zuschneiden und von der Mitte des Halsausschnitts beginnend aufnähen. Mit den Enden des Schrägbandes kann das Lätzchen zugebunden werden. Die Figuren (Ball, Herz, Schiff und Krone) auf den Baumwollstoff übertragen und dann mithilfe von Vliesofix® als Applikation vorbereiten (siehe dazu auch Badetuch mit Kapuze, Seite 62). Die Figuren auf die Lätzchen aufbügeln und die Motivkanten mit Nähgarn in passenden Farben mit dichtem Zickzackstich umnähen. Die Lätzchen sind ca. 26 cm x 30 cm groß.

Dezember 2001

Wertvolle Erinnerungen

Ihr Baby ist jetzt Ihr Lieblings-Fotomodel Nummer 1! Das erste Lachen, die ersten Schritte oder auch das Badevergnügen – alles bannen Sie auf Fotos, damit Sie und Ihr Kind hinterher eine schöne Erinnerung an diese erste gemeinsame Zeit haben. Am schönsten kommen die Fotos in einem liebevoll gestalteten Album zur Geltung, an dem Sie jahrelang Freude haben werden!

Ihr Babyalbum

Lassen Sie Ihre niedlichen Babyfotos nicht ein trostloses Dasein in einem Schuhkarton fristen, sondern kleben Sie sie in ein liebevoll gestaltetes Album, in dem sie so richtig gut zur Geltung kommen. An so einem Album werden Sie und Ihr Kind jahrelang Freude haben – die Mühe lohnt sich also. Und abgesehen davon macht es auch einfach Spaß, sich hier kreativ zu betätigen!

Tipp

Mit Gelstiften können Sie auch dunklere Papiere beschriften. Deshalb eignen diese sich für die Gestaltung eines Fotoalbums besonders gut.

Gestaltung des Fotoalbums

Grundsätzlich sind Sie bei der Gestaltung Ihres Albums natürlich ganz frei bzw. nur von den Ihnen vorliegenden Fotos und Ihrer Fantasie abhängig. Deshalb sind die abgebildeten Seiten lediglich Gestaltungsvorschläge, zu denen es aber keine konkreten Materiallisten gibt. Holen Sie sich hier die Anregungen für Ihr persönliches Baby-Album!

Materialien und Werkzeuge

Folgende Materialien sollten Sie am besten zur Hand haben, damit Ihrer Fantasie keine Grenzen gesetzt sind:

- *Fotoalbum*
- *Tonkarton in verschiedenen Farben (uni oder bedruckt)*
- *verschiedene Scheren (z. B. Zackenschere usw.)*
- *Cutter mit Schneideunterlage*
- *Foto-Klebepads bzw. Fotokleber*
- *verschiedene Fotoschablonen*
- *verschiedene Papiere*
- *Motiv- und Ecklocher*
- *Gelstifte*
- *ggf. Memo-Täschchen aus transparentem Kunststoff (um darin Erinnerungen, wie die erste Locke o. Ä., aufzubewahren)*
- *ggf. Schablonen, Schablonierfarben und Stupfpinsel*
- *ggf. Stempel, Embossingpulver, Stempelkissen und Toaster*

Grenzenlose Fantasie

Verwenden Sie für die Gestaltung Ihres Fotoalbums z. B. verschiedene Hintergrundpapiere, passend zu Ihren Fotos. Hübsch sieht es natürlich aus, wenn Sie Ihre Fotos vor dem Einkleben in

Form schneiden, z. B. mithilfe einer Fotoschablone. Mit Motivlochern können Sie aus andersfarbigen Papieren kleine Motive ausstanzen, mit denen Sie die Seiten verzieren können (Beispiel: hellblaue Seite, Seite 107). Wer will, schneidet z. B. auch aus Filz kleine Motive aus und verschönert die Seiten damit (Beispiel: Seite mit dem aufgestempelten Bären und den kleinen Filz-Herzen). Auch Blätter, die Sie bei einem Herbstspaziergang gesammelt haben, oder getrocknete Blüten machen sich in so einem Album gut!

Tipp

Gestalten Sie auf diese Art und Weise nicht nur Fotoalben, sondern auch einzelne Fotos, die aufgehängt werden, oder auch Kalender. Großeltern freuen sich darüber ganz bestimmt!

Embossing-Technik und Schablonieren

Besonders hübsch sehen die Seiten aus, wenn sie in der Embossing- oder Schablonier-Technik verziert werden. Dabei gehen Sie folgendermaßen vor:

Embossing-Technik

Stempeln Sie Ihr Motiv auf das Papier und bestreuen Sie den noch feuchten Stempelabdruck mit Embossingpulver. Entfernen Sie das überschüssige Pulver durch Abklopfen. Dann halten Sie den Stempelabdruck über eine Wärmequelle, z. B. einen Toaster, bis das Pulver zerfließt. Beispiele hierfür sind die hellblaue und die rote Seite.

Schablonieren

Schablonierfarben sind pastöse, hochdeckende und untereinander mischbare Farben. Im offenen Zustand bildet sich eine Haut, die Sie vor Gebrauch der Farbe mithilfe eines Stäbchens entfernen sollten.

Fixieren Sie die Schablone mit wieder ablösbarem Klebefilm auf Ihrem Papier und tupfen Sie die Schablonierfarbe dann sehr dünn auf. Nehmen Sie anschließend die Schablone vorsichtig ab und lassen Sie alles trocknen. Beispiel hierfür ist die Seite mit dem aufgestempelten Bären und den kleinen Filz-Herzen (Seite 104/105).

Memo-Täschchen

Um Accessoires und Erinnerungen, wie z. B. Babys erste Locke, aufzubewahren, sind Memo-Täschchen aus transparentem Kunststoff besonders gut geeignet. Sie sind selbstklebend und in mehreren Größen erhältlich. Achten Sie jedoch darauf, nicht allzu dicke Sachen in die Täschchen zu füllen, weil sich Ihr Album dann nicht mehr richtig schließen lässt. Beispiele hierfür sind die rote und die hellgelb-grüne Seite.

Fotoschablonen selbst gemacht

Falls Sie keine passenden Fotoschablonen finden oder kaufen wollen, können Sie diese auch ganz einfach selbst herstellen. Zeichnen Sie die gewünschte Form (z. B. Oval, Rechteck oder Kreis) auf dünnen Karton auf und schneiden Sie dann den Innenteil mit einem Cutter heraus, fertig!

Tipp

Schreiben Sie auch Babys erste Worte, das Datum des ersten Lächelns usw. in das Album, damit Sie sich immer an diese Ereignisse erinnern.

Materialien

Folgende Materialien sollten Sie für Ihre Bastelarbeiten zu Hause haben:

- Schere
- Klebstoff
- Klebestift
- Klebefilm
- Bleistift
- ggf. Transparentpapier
- ggf. dünner Karton
- ggf. Cutter mit Schneideunterlage
- Geodreieck
- Lochzange

Für die Näharbeiten zusätzlich noch:

- Stecknadeln
- Nähnadeln
- Nähmaschine
- Phantomstift

Vorlagen übertragen und Schablonen herstellen

Für einige Modelle hier im Buch müssen Sie Vorlagen übertragen. Manchmal empfiehlt es sich, dafür Schablonen anzufertigen. Dabei gehen Sie folgendermaßen vor:

- Legen Sie das Transparentpapier auf die Vorlage (bzw. die Vergrößerung davon) und pausen Sie die Linien ab. Schneiden Sie die so entstandene Transparentpapier-Vorlage aus.
- Nun können Sie das Transparentpapier direkt auf das entsprechende Material legen und die Umrisse mit einem Bleistift (bei Stoff: Phantomstift) nachfahren. Falls Sie aber eine stabilere Schablone wünschen, dann kleben Sie die Transparentpapier-Vorlage auf dünnen Karton und schneiden daraus die passende Schablone aus.

Vorlagen vergrößern

Einige Vorlagen hier im Buch wurden verkleinert. Den entsprechenden Vergrößerungsfaktor finden Sie aber bei den jeweiligen Modellen angegeben. Lassen Sie sich ggf. in einem Kopiergeschäft beraten.

Mond und Sterne

Seite 88

Walmobile

Seite 87

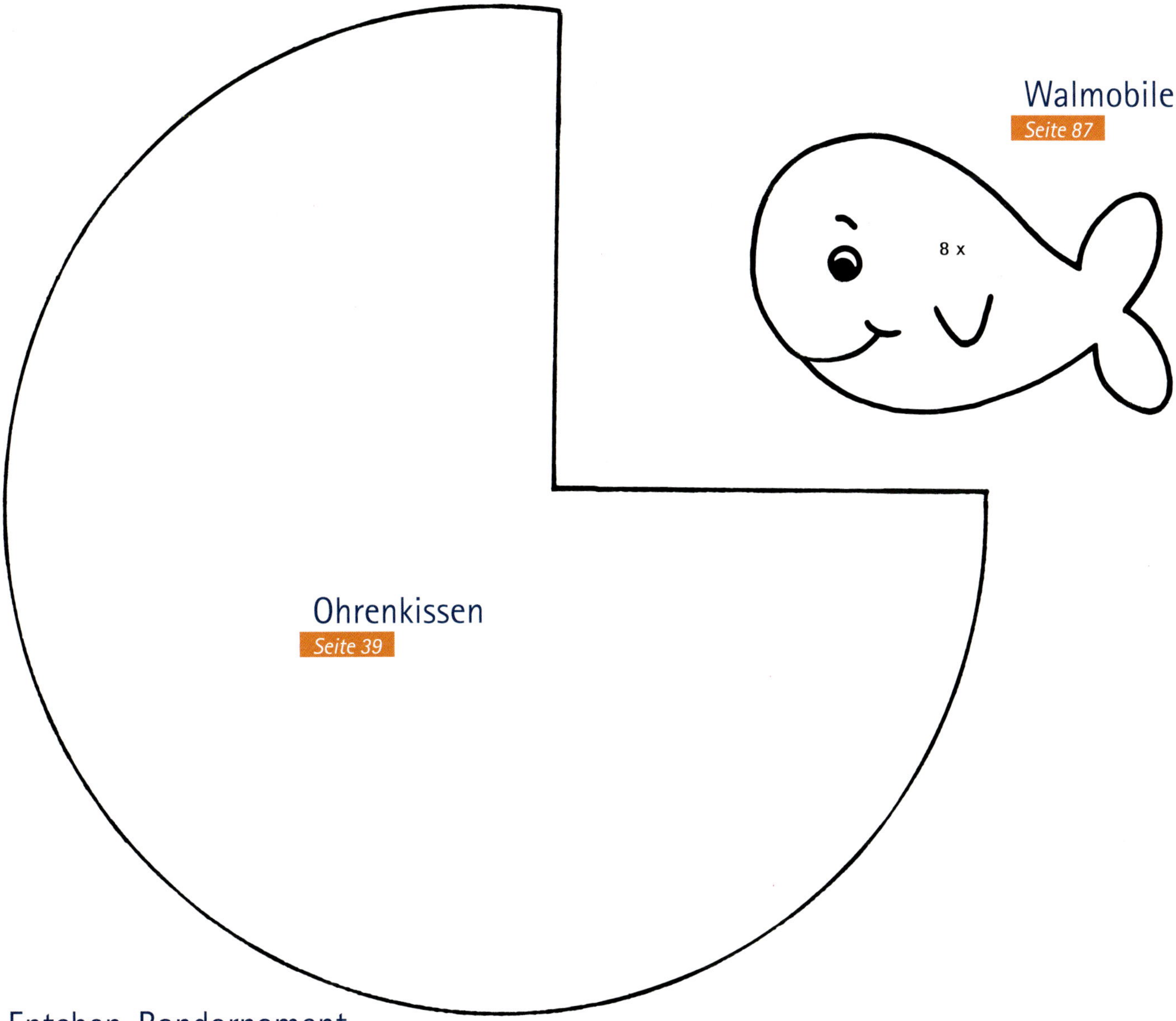

Ohrenkissen

Seite 39

Entchen-Bandornament

Seite 88/89

Autoschlange

Seite 89

Kantenhocker-Mäuschen

Seite 28

Kantenhocker-Hund

Seite 24

Vorlage auf 110 % vergrößern

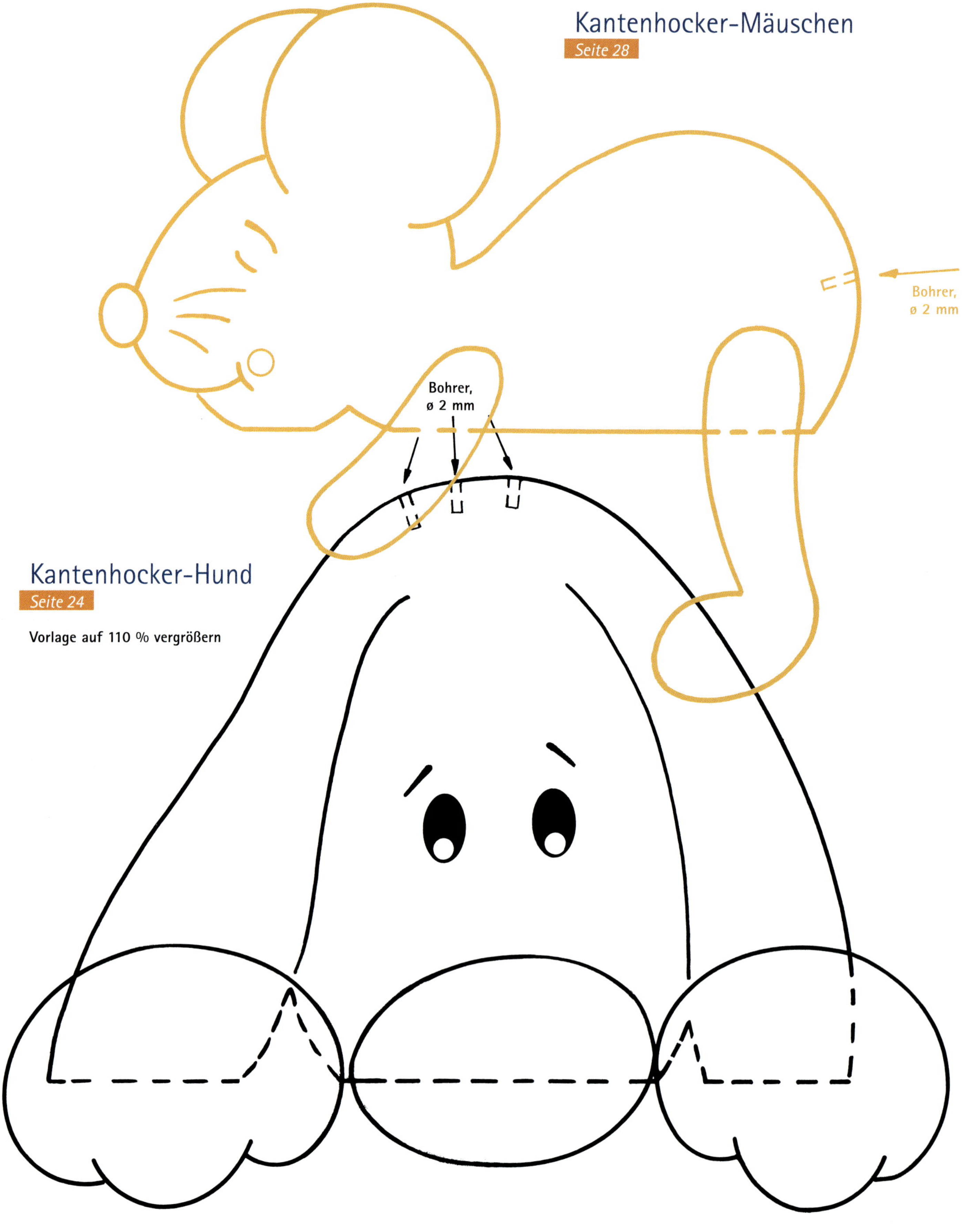

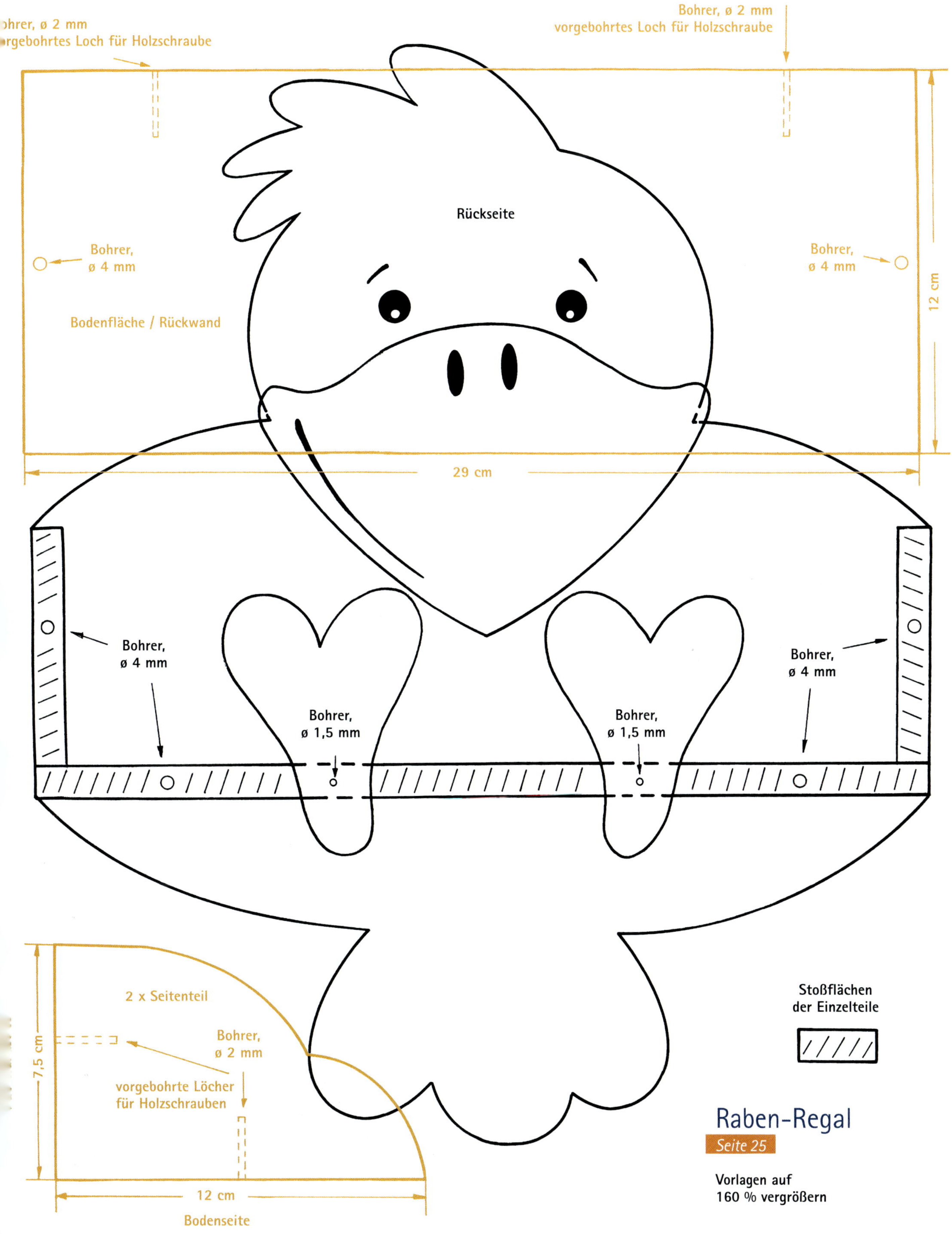

Raben-Regal

Seite 25

Vorlagen auf 160 % vergrößern

Schäfchen-Garderobe

Seite 26

Vorlagen auf 200 % vergrößern

Bärchen-Türstopper

Seite 27

Vorlagen auf
125 % vergrößern

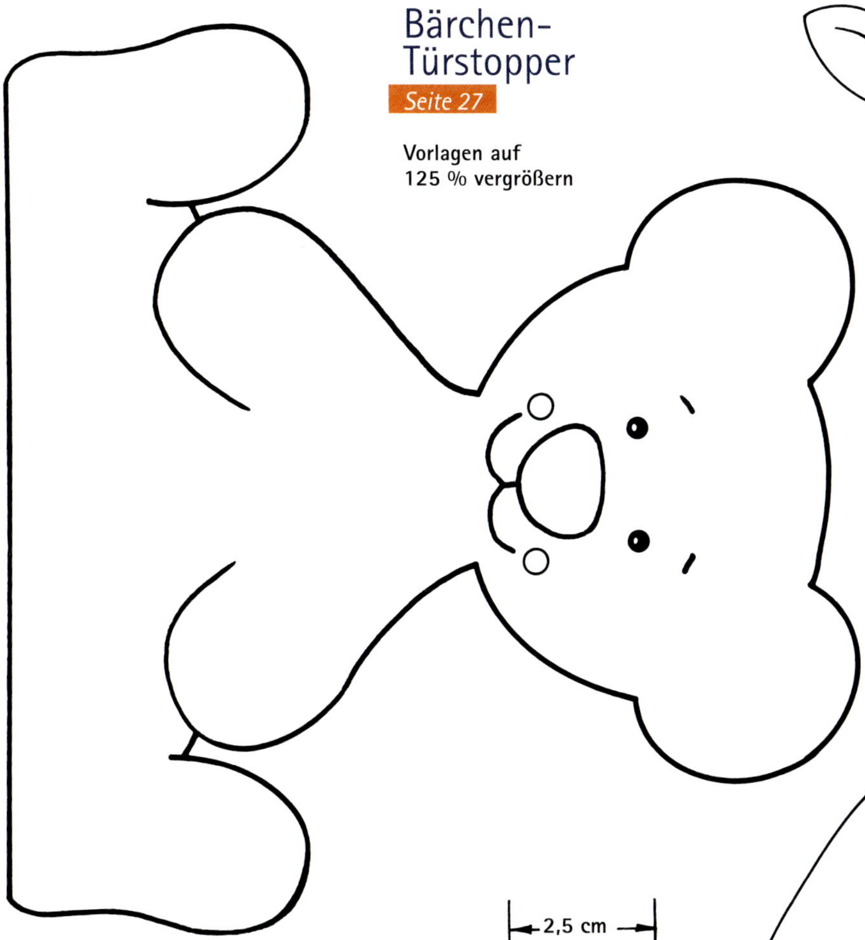

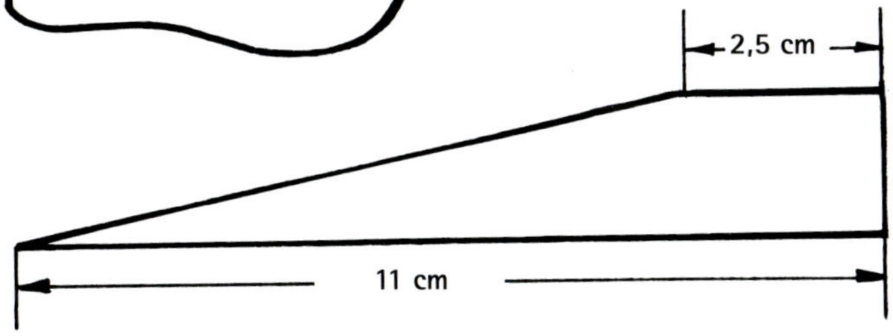

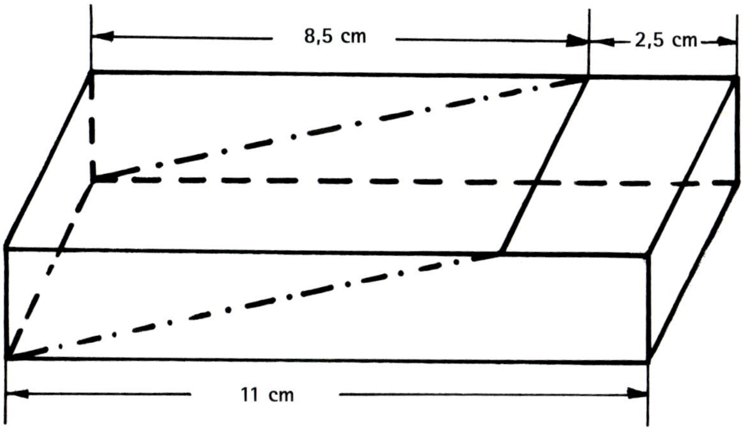

Giraffen-Messlatte

Seite 29

Vorlage auf
240 % vergrößern

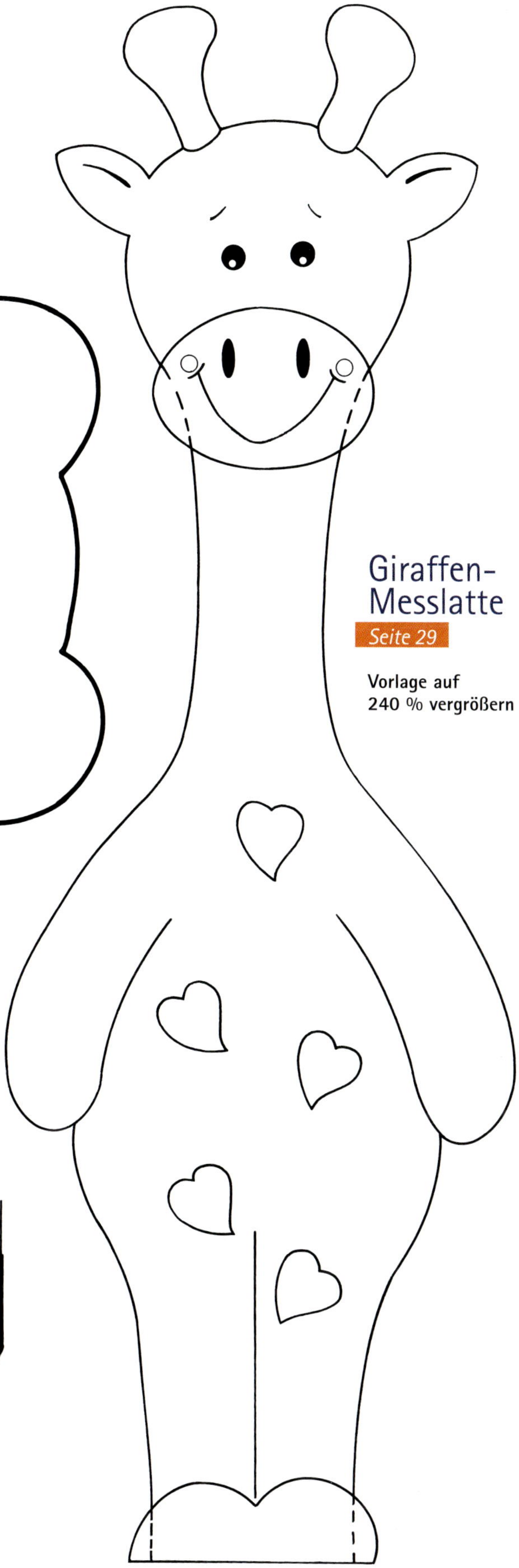

Wärmflaschenbezug
Seite 64

Badetuch mit Kapuze
Seite 62/63

Fisch-Waschläppchen
Seite 62/63

Vorlagen auf 150 % vergrößern

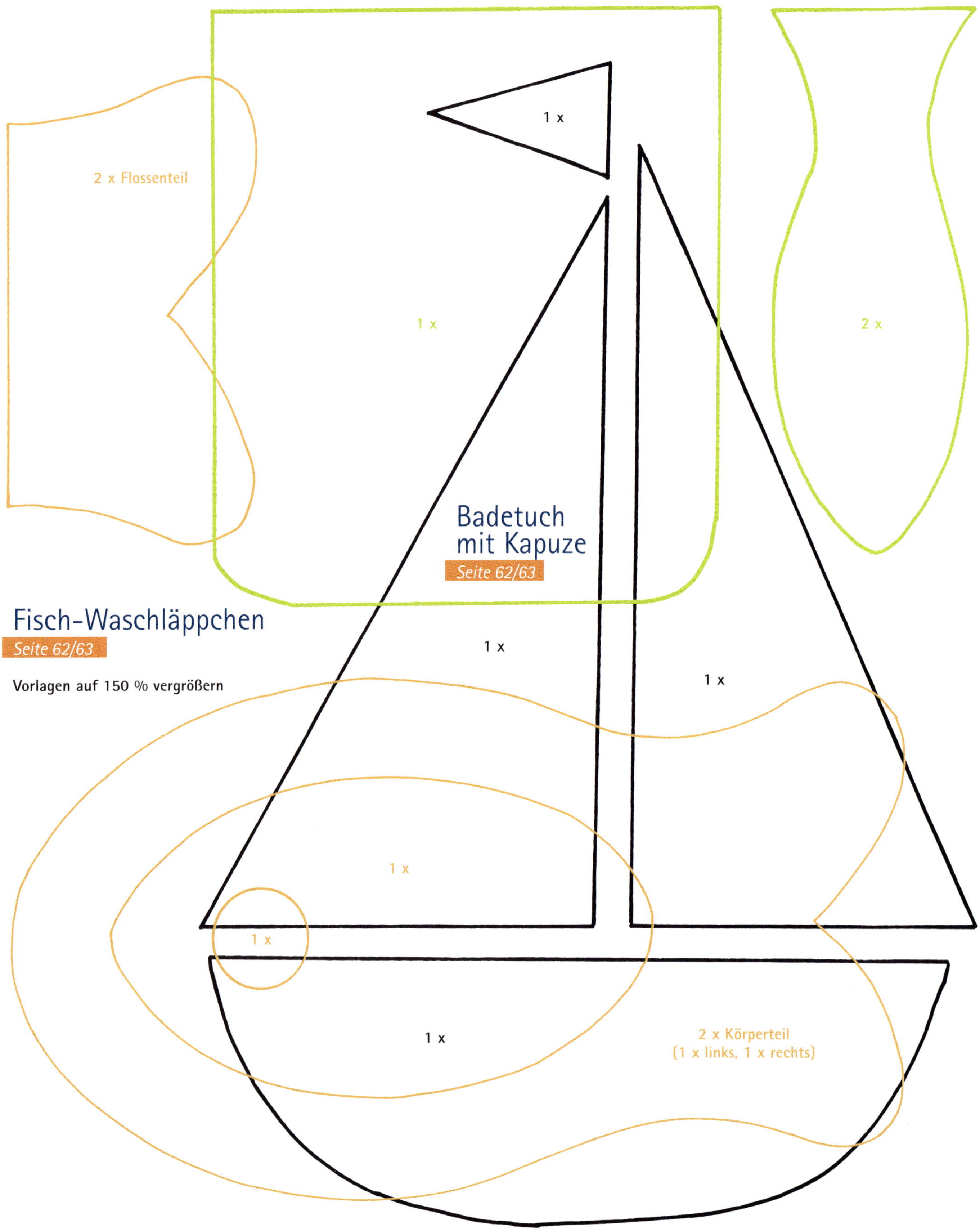

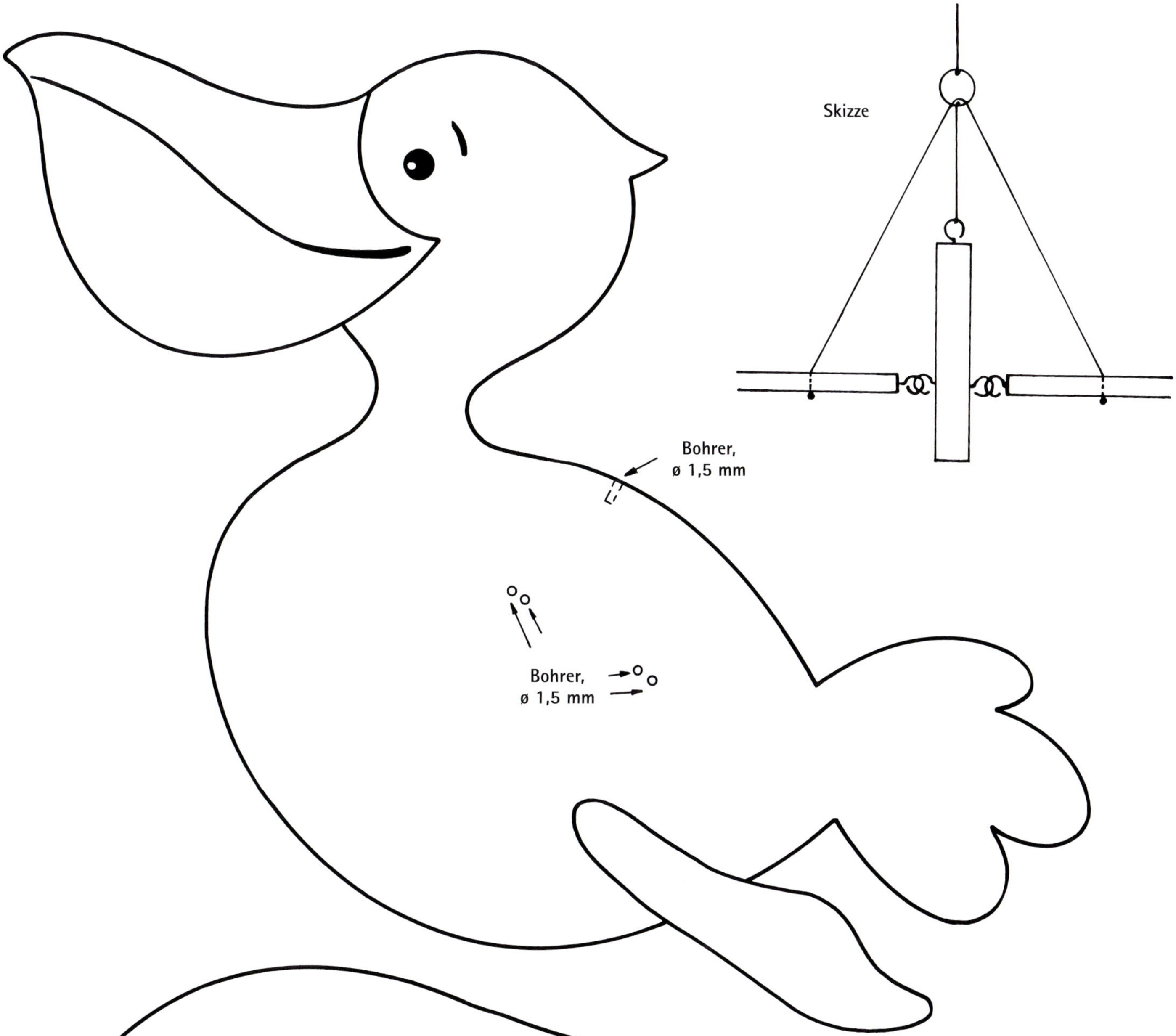

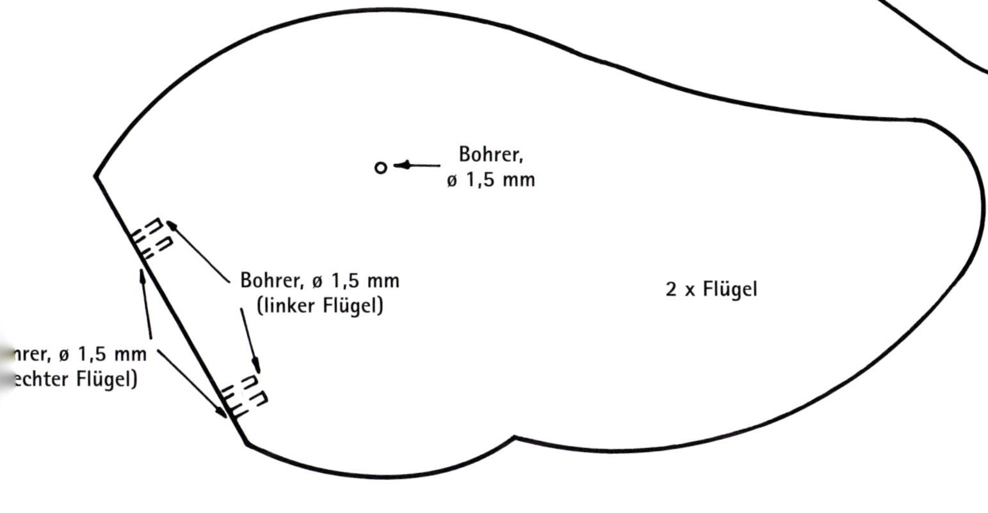

Flug-Pelikan

Seite 93

Vorlagen auf 150 % vergrößern

Namensschild

Seite 51

Zieh-Eisbär

Seite 92

Hasen-Wäschebeutel

Seite 66

Vorlagen auf 200 % vergrößern

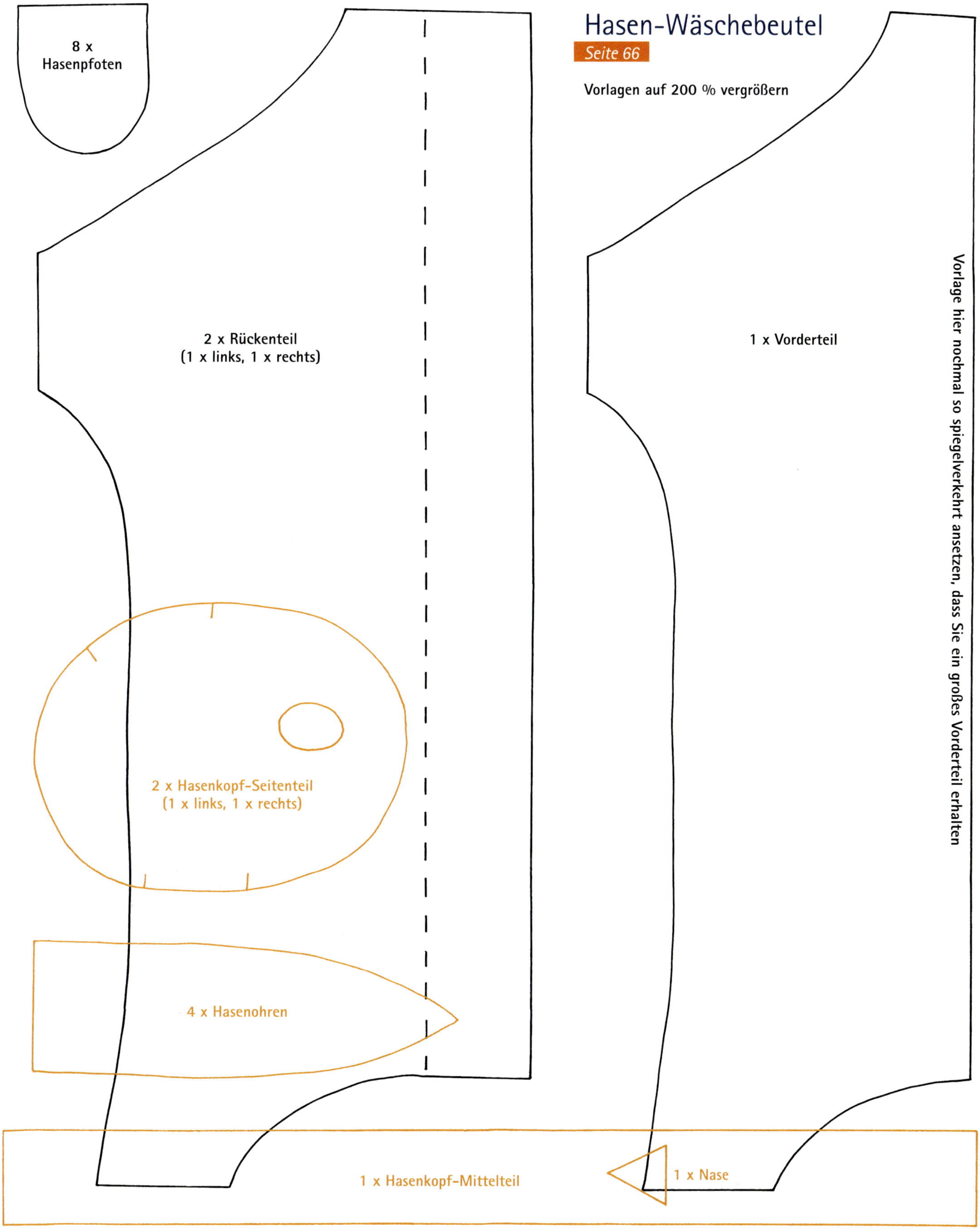

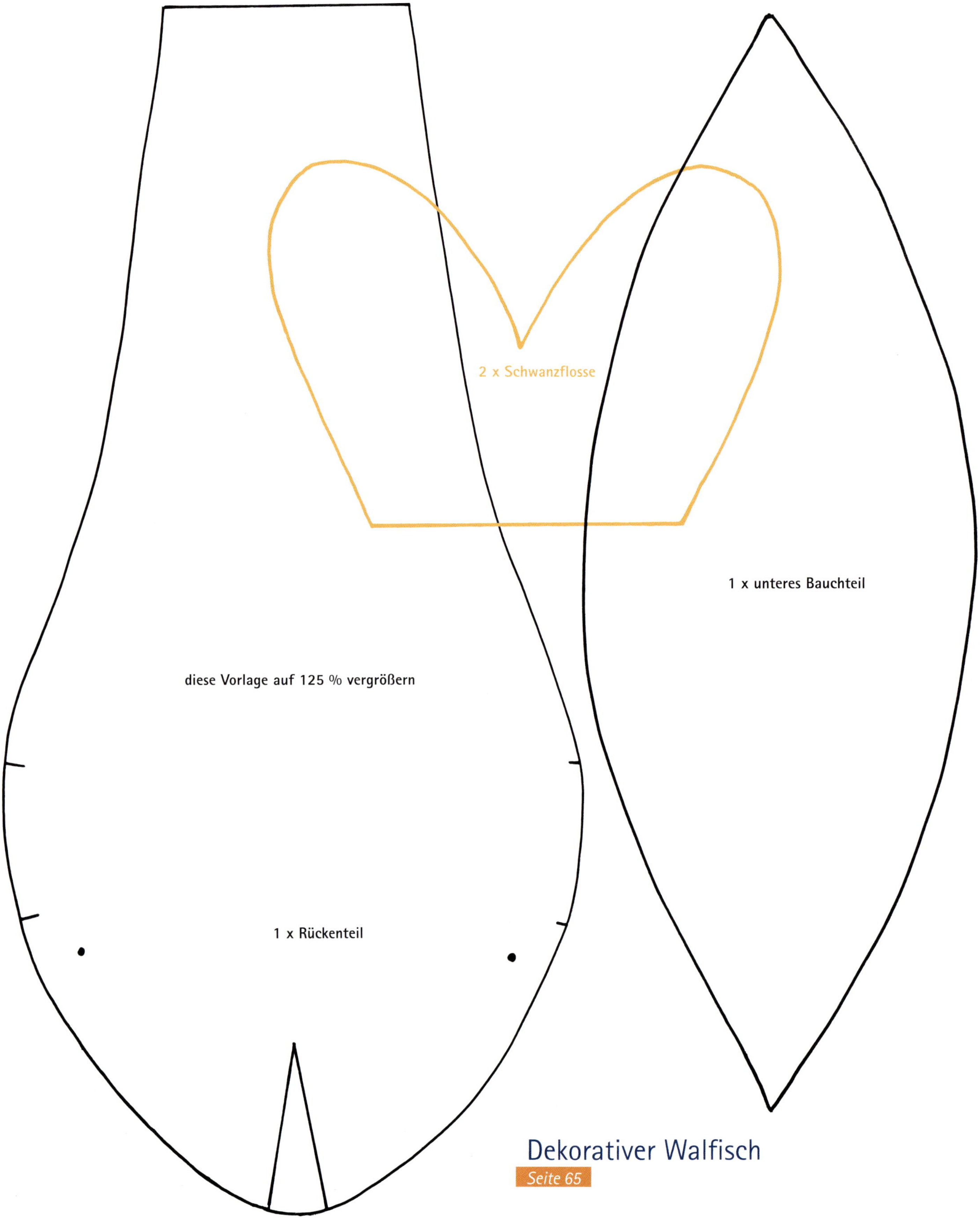

Dekorativer Walfisch

Seite 65

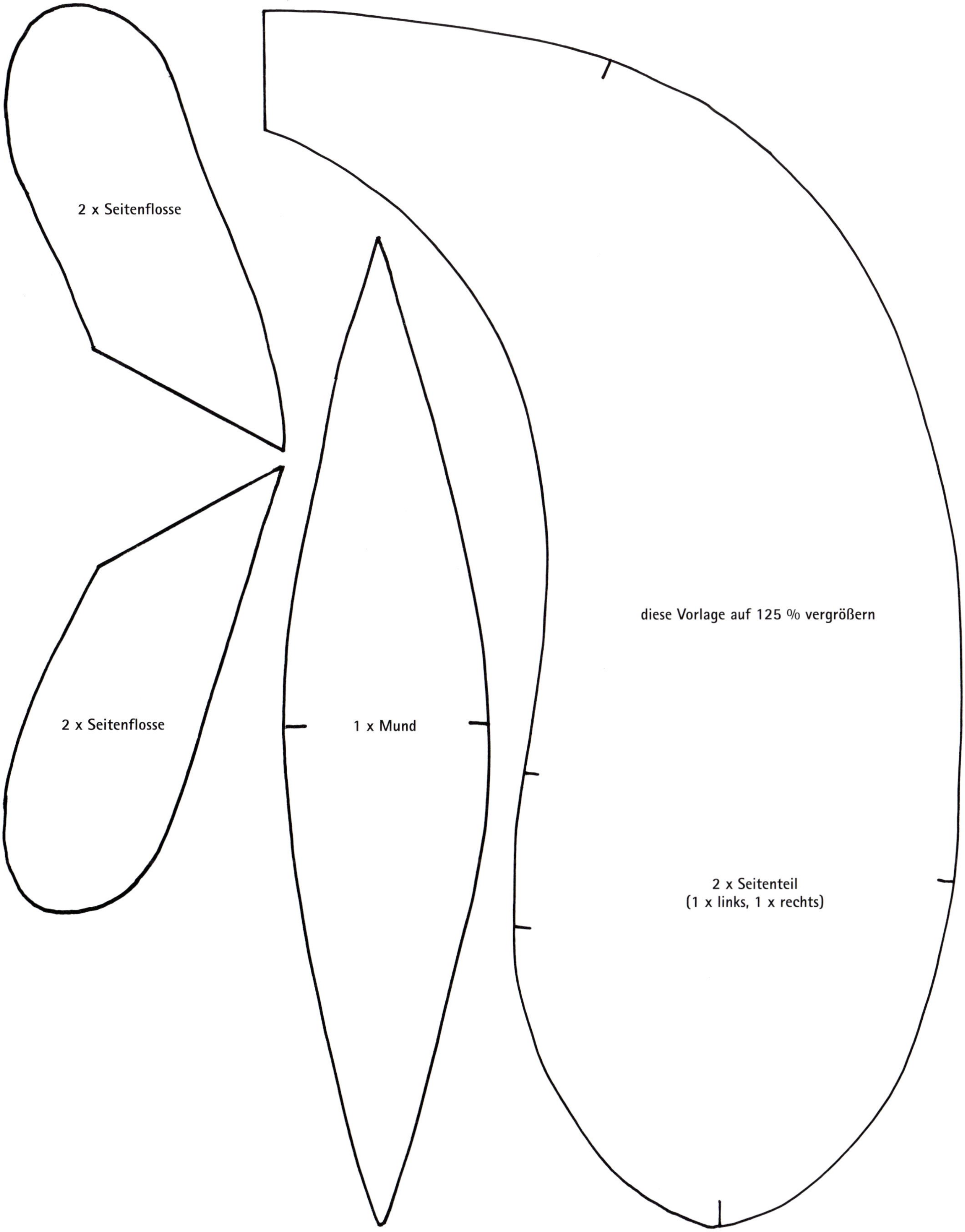
2 x Seitenflosse
2 x Seitenflosse
1 x Mund
diese Vorlage auf 125 % vergrößern
2 x Seitenteil
(1 x links, 1 x rechts)

Dschungeltiere

Seite 90/91

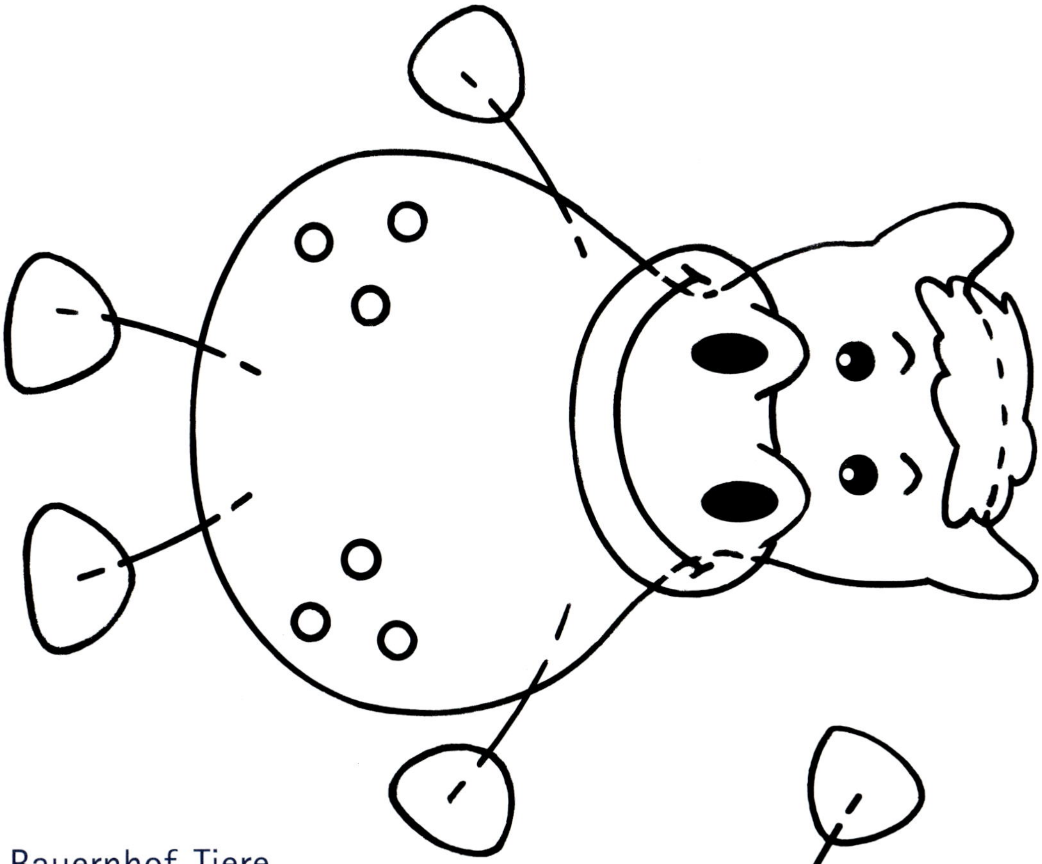

Bauernhof-Tiere

Seite 90/91

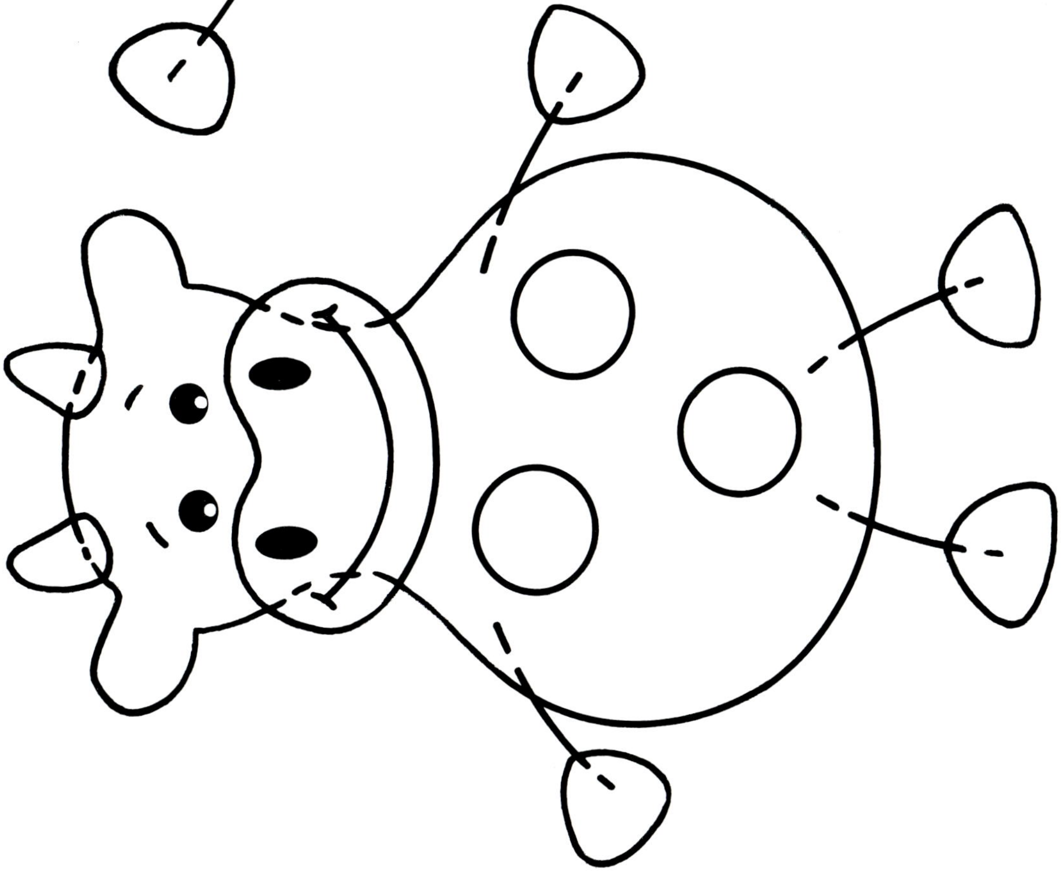

Bauernhof-Tiere

Seite 90/91

Lätzchen

Seite 101

Kuschelbär

Seite 94

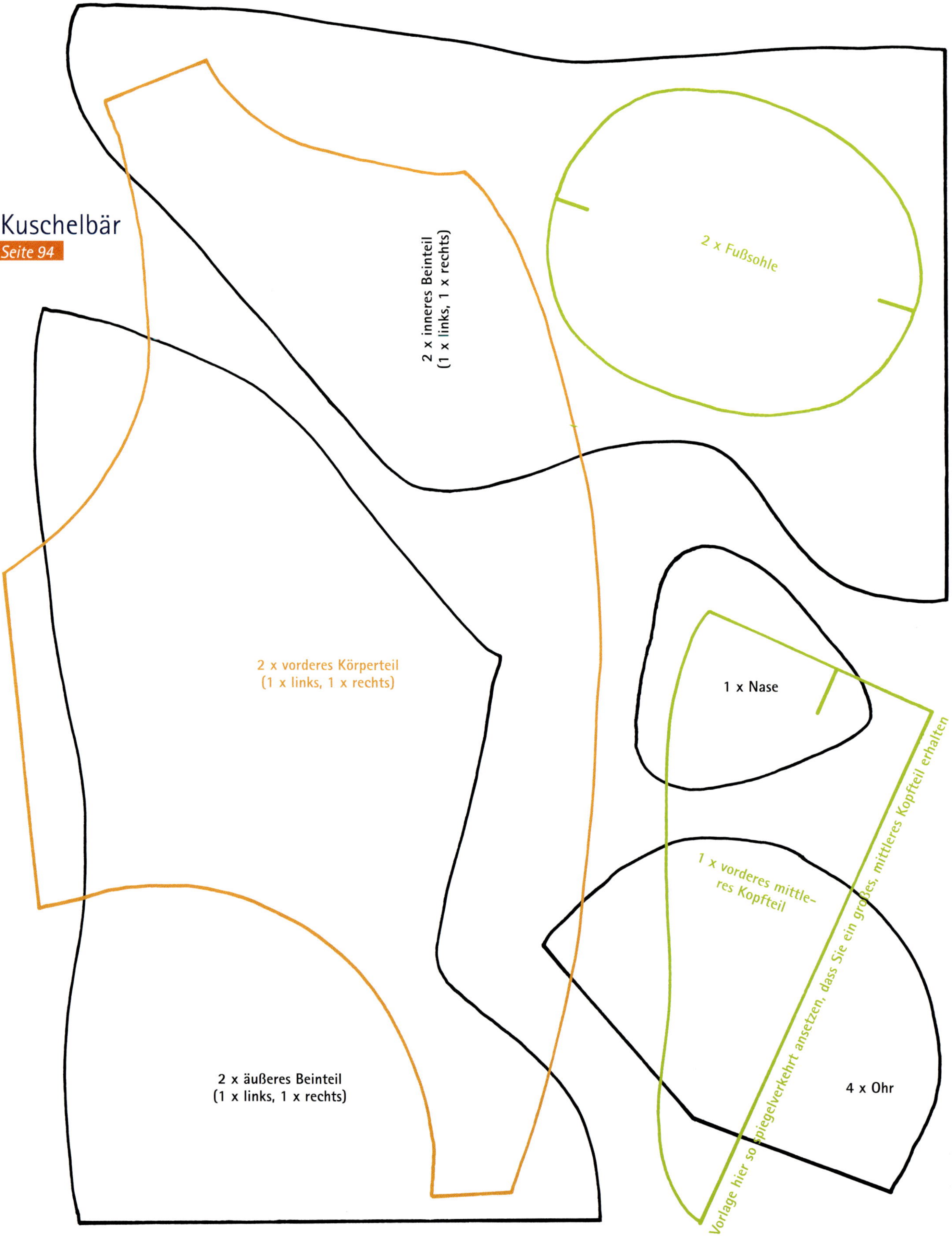

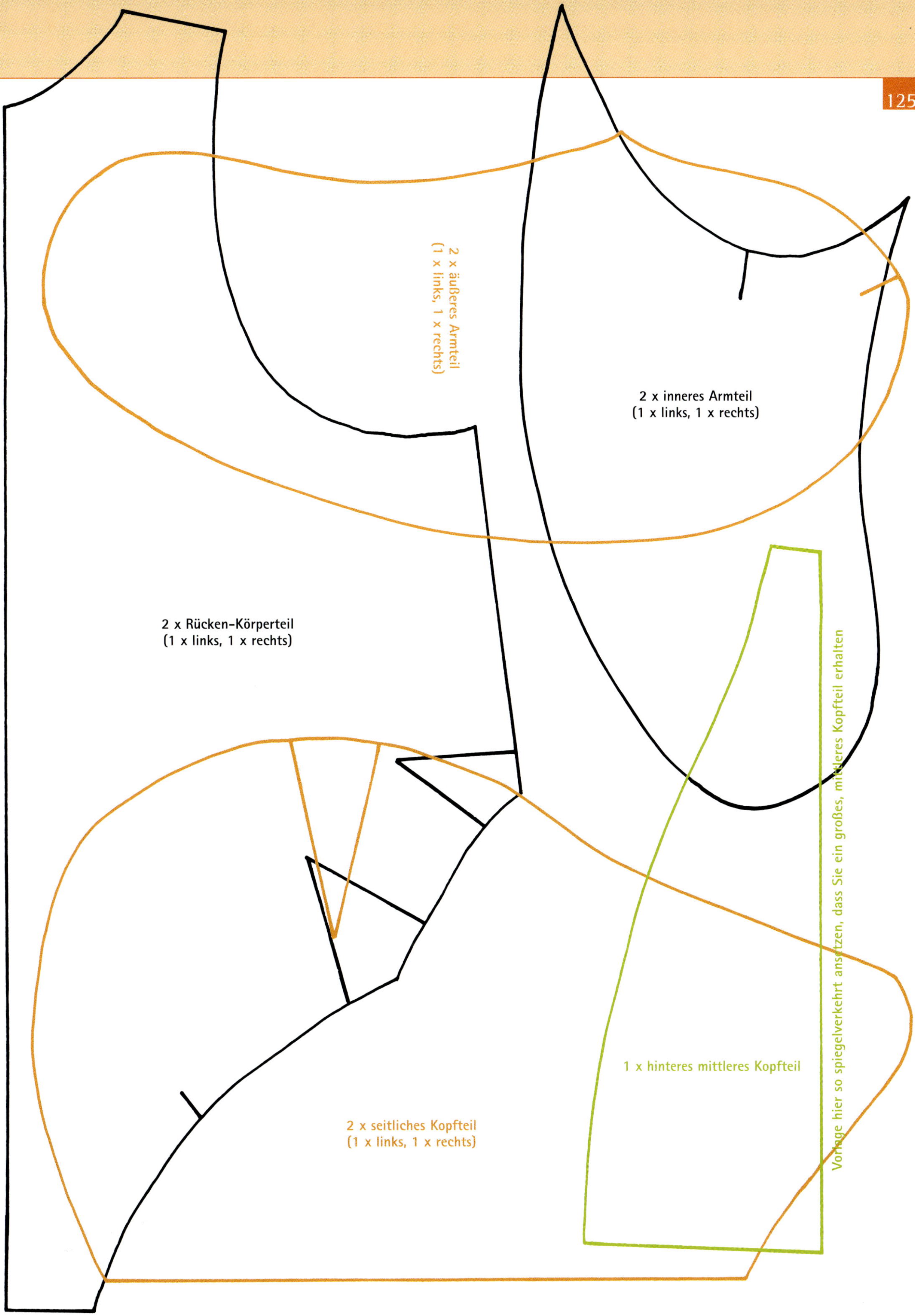
2 x äußeres Armteil
(1 x links, 1 x rechts)
2 x inneres Armteil
(1 x links, 1 x rechts)
2 x Rücken-Körperteil
(1 x links, 1 x rechts)
1 x hinteres mittleres Kopfteil
2 x seitliches Kopfteil
(1 x links, 1 x rechts)
Vorlage hier so spiegelverkehrt ansetzen, dass Sie ein großes, mittleres Kopfteil erhalten

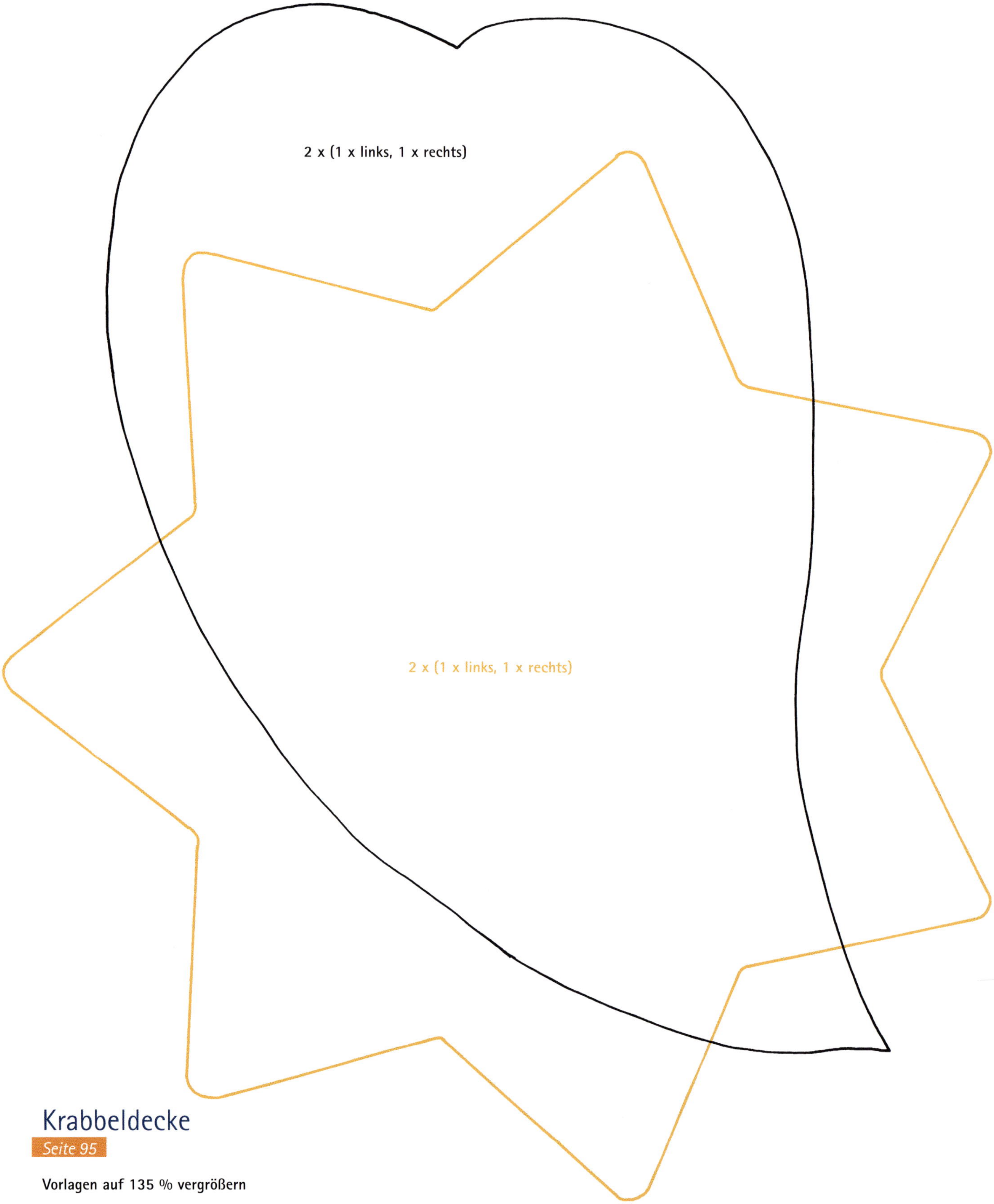

Krabbeldecke

Seite 95

Vorlagen auf 135 % vergrößern

Krabbeldecke

Seite 95

Vorlagen auf 135 % vergrößern

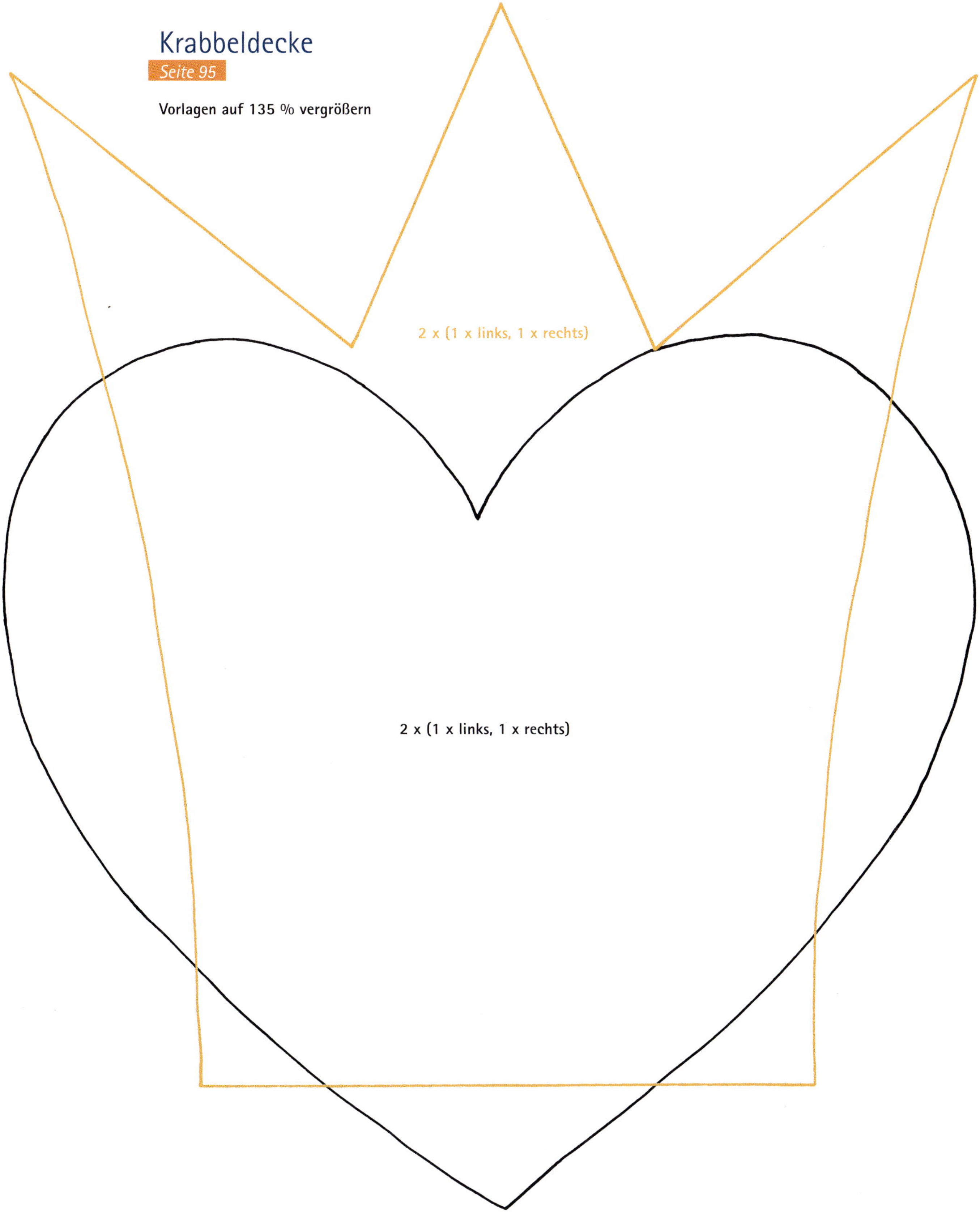

Impressum

Impressum

Redaktionelle Texte: Susanne Stegbauer

Modelle: Monika Gänsler (S. 13, S. 24 - 29, S. 51, S. 67, S. 73 - 77, S. 87 - 93, S. 104 - 107), Barbara Huber (S. 40/41), Kornelia Milan (S. 36/37, S. 38/39, S. 62 - 66, S. 94/95, S. 101)

Gestaltung, Herstellung:
Anette Vogt, Gerhard Junker (red.sign, Stuttgart)

Konzeption, interne Redaktion, Lektorat:
Kim Marie Poelmann

Fotos Umschlag: Reinhard Mutschler, Stuttgart, Zefa (Rückseite, Familie), Zefa (Einschlag und Rückseite, Kinderhände mit Spielzeug)

Fotoproduktion: Reinhard Mutschler, Stuttgart

Weitere Fotos aus dem Inhalt:
Zefa (S. 2, Einklinker schlafendes Baby), Mauritius / Stock Image (S. 3, Einklinker Kind mit Baby), Zefa (S.5, Einklinker Babyhände), Zefa (S. 6, Einklinker Bauch mit Gesicht), Taxi (S. 6, Einklinker Baby im Kinderzimmer), Zefa (S. 8/9, Paar), Zefa (S. 11, Bauch mit Gesicht), Mauritius / AGE (S. 14, schwangere Frau, die isst), Mauritius / Stock Image (S. 17, schwangere Frau, die Gymnastik macht), Zefa (S. 19, schwangere Frau), Taxi (S. 21, Baby im Kinderzimmer), Mauritius / Stock Image (S. 30, Einklinker schwangere, lesende Frau), Zefa (S. 30, Einklinker Baby-Schuhe), Mauritius / Stock Image (S. 32/32, schwangere, lesende Frau), Zefa (S. 33, Babyfläschchen), Zefa (S. 34, Baby-Schuhe), Mauritius / AGE (S. 42, Einklinker Frau, die Koffer packt), Mauritius / AGE (S. 42, Einklinker Baby-Füße), Zefa (S. 42/43, schlafendes Baby), Zefa (S. 44, Einklinker schlafendes Baby), Mauritius / AGE (S. 44, Babyfüße), Zefa (S. 45, Frau mit Neugeborenem), Mauritius / AGE (S.46, Bauchnabel), Mauritius / AGE (S. 47, Frau, die Koffer packt), Mauritius / Stock Image (S. 48, Einklinker flacher Bauch), Mauritius / AGE (S. 48, Einklinker Frau mit Baby), Mauritius / Stock Image (S. 48/49, Kind mit Baby), Mauritius / Stock Image (S. 50, Einklinker Kind mit Baby), Mauritius / AGE (S. 50, Frau mit Baby), Mauritius / Stock Image (S. 53, stillende Frau), Mauritius / Stock Image (S. 54/55, Kind mit Baby), Mauritius / Stock Image (S.56, flacher Bauch), Mauritius / AGE (S. 57, Frau in Badewanne), Mauritius / Salek (S. 58, Einklinker Frau mit Baby), Zefa (S. 60, Baby in der Badewanne), Mauritius / Salek (S. 61, Frau mit Baby), Mauritius / AGE (S. 68, Einklinker Frau spielt mit Babys Fuß), Mauritius / AGE (S. 70, Frau spielt mit Babys Fuß), Mauritius / AGE (S. 71, Baby mit Ball), Zefa (S. 72, Familie), Mauritius / AGE (S. 78, Einklinker schlafendes Baby), Mauritius / AGE (S. 80, schlafendes Baby), Zefa (S. 81, Babyhände), Zefa (S. 82/83, Frau mit Kind), Zefa (S.84, Kinderhände mit Spielzeug), Mauritius / AGE (S. 81, Baby, das Füße in den Mund steckt), Zefa (S. 85, Kind im Laufstall), Zefa (S. 96, Einklinker Baby beim Essen), Zefa (S. 98/99, Baby beim Essen)

Auflage:	5.	4.	3.	2.	1.	Letzte Zahlen
Jahr:	2006	2005	2004	2003	2002	maßgebend

ISBN 3-7724-5501-8, Best.-Nr. 5501

frechverlag GmbH, 70499 Stuttgart
Druck: frechdruck GmbH, 70499 Stuttgart